마흔에 시작하는

은퇴 공부

마흔에 시작하는

은퇴 공부

은퇴 후가 두려운 이에게
전하는 나이 듦의 기술

백만기 지음

비전코리아

은퇴, 가보지 않은 길

나는 6·25 전쟁이 끝날 때쯤 태어났으니 베이비붐 세대의 맏형 격이라 할 수 있다. 베이비붐 세대가 1960년대 중·고교에 다닐 때만 해도 전쟁의 후유증으로 우리 경제가 참 어려웠다. 공기업을 제외하고는 변변한 기업이 없어 학교를 마쳐도 마땅히 취직할 곳이 많지 않았다. 그러다가 대학을 졸업할 때쯤 되니 경제가 활기를 띠며 신생기업들이 크게 늘어났다. 모처럼 맞은 호기를 놓칠세라 사람을 뽑는 수요도 많았다. 중동 건설현장으로 떠난 사람도 있고 상품을 수출하느라 세계시장을 누비는 사람도 있었다. 당시에는 누구나 그러했겠지만 나 역시 금융회사에 입사해 부지런히 일했다. 그렇게 직장생활을 하다가 나이 마흔이 되던 해다.

내가 벌써 마흔이 되었구나 하는 생각에 스스로 놀랐다. 이십 대 후반에 대학교를 졸업하고 직장에 들어가서 일에만 열심히 매달리다 보니 세월 가는 줄 몰랐다. 그런데 어느 덧 나이가 마흔이 된 것이다. 지금 생각하면 젊은 나이지만 그때만 해도 꽤 나이가 들었다고 생각했다. 거울을 보니 흰 머리가 드문드문 보였고 눈도 전처럼 맑지 못했다. 문득 지금 하고 있는 일을 과연 '언제까지 할 것인가?' 하는 생각이 들었다. 이렇게 일만 하다가 생을 마칠 수는 없었다.

일단 마음속으로 쉰 살에 은퇴하자고 스스로에게 약속했다. 그렇다고 쉰 살 이후에 무엇을 할 것인지는 정하지 않았다. 그것은 10년 동안 은퇴를 준비하면서 구체화될 것이라고 믿었다. 우선 경제적 자립을 하는 것이 급선무였다. 당연히 검소한 생활을 하며 열심히 저축했다. 두 번째는 은퇴 후에 할 일을 찾기 위해 먼저 살았던 사람들의 삶을 추적했다. 그들이 걸어간 궤적을 따라가다 보면 내가 해야 할 일이 보일 것 같았다. 여러 사람을 알아보았는데 그중 한 명이 19세기 폴란드 시인 '치프리안 노르비트'다.

노르비트는 인생을 행복하게 살기 위해서는 세 가지가 필요하다고 했다. 첫째, 먹고사는 일이다. 돈이 많은 부자라고 해서 모두 행복할 수는 없지만 먹고살기가 어렵다면 그것도 행복할 수 없는 일이다. 둘째, 목숨을 바칠 정도로 재미있는 일이다. 많은 사람들이 은퇴 후에 무엇을 할 것인지 고민이 많다. 평소 좋아하는 것이 무엇이냐고 물어보면 대개의 경우 없다고 한다. 그래서는 곤란하다. 우선 자신이 좋아하는 것을 찾아야 한다. 셋째, 의미 있는 일이다. 사람들은 내심 의미 있는 일을 하고 싶어 한다. 자신도 이 땅 위에 흔적을 남기고 싶은 것이다. 그러나 먹고살기에 급급해 흔히 그 일을 뒤로 미룬다. 은퇴는 바로 이런 일을 할 수 있는 기회다.

노르비트는 위의 세 가지 중 한 가지가 부족하면 그 사람의 삶이 드라마틱해진다고 했다. 흔히 드라마를 보면 세 가지를 겸비한 사람을 찾기 어렵다. 먹고사는 일은 해결되었고, 재미있는 놀이도 즐기고 있지만 의미 있는 일을 하지 못하는 사람, 의미 있는 일을 하며 먹고사는 건 충족되었지만 재미있는 일이 없는 사람, 재미도 있고 의미 있는 일도 하지만 먹고살기가 어려운 사람. 드라마에 나오는 대부분이 이런 부류의 사람이다.

이어서 노르비트는 두 가지가 부족하면 그 사람의 삶이 비극이 된다고 했다. 찰스 디킨스의 《크리스마스 캐럴》에 나오는 구두쇠 스크루지 영감 같은 삶이 바로 그것이다. 그러므로 노르비트는 어느 한쪽에 치우치지 않도록 균형 있는 삶을 사는 것이 중요하다고 했다. 나는 노르비트의 세 가지 사항에 착안

해서 은퇴를 준비했다. 은퇴 후에도 마찬가지다. 먹고사는 일, 재미있는 일, 의미 있는 일이 균형을 이루도록 시간을 배분했다. 이 책에 나오는 글은 그러한 과정을 엮은 것이다.

의학이 발달되어 평균수명이 늘어났지만 여전히 암을 정복하기가 어려운 것은 사람마다 DNA가 다르기 때문이라 한다. 어떤 사람에게 효과가 있는 표적치료제가 다른 사람에게는 들지 않는 것이다. 은퇴 준비도 이와 같다. 사람마다 자라온 환경이라든가, 생활방식과 가치관 등이 달라 '은퇴 준비는 이렇게 해야 한다'고 딱 부러지게 말할 수 없다. 그러므로 나의 글에 공감하는 분이 있는가 하면, 그렇지 않은 분도 있을 것이다.

내가 은퇴 준비를 하며 먼저 살았던 사람의 궤적을 추적한 것처럼 이 책을 고른 독자들 역시 그런 의미에서 내 책을 읽어주면 좋겠다. 본인에게 맞는 건 취하고 맞지 않는 건 버리면 된다. 그러면서 자신만의 생각을 키우는 것이다.

인생 2막 어떻게 살 것인가? 참 어려운 과제다. 가보지 않은 길을 간다는 두려움은 누구에게나 있다. 나도 그러했다. 그러나 막상 퇴직을 하고 보니 생각처럼 어렵지만은 않았다. 뒤돌아보니 좋은 일이 더 많았다. 좀 더 일찍 퇴직하지 못했음을 후회하는 사람도 있다.

그렇다면 언제부터 인생 2막을 준비하는 것이 좋을까? 미국의 심리학자 미르나 루이스는 노후를 어떻게 살아가야 하는지에 대한 결정은 40대에 내리라고 권한다. 나이 오십이 되어서는 그동안 익숙해진 생활에 변화를 주기가 어렵기 때문이다. 그러므로 인생 2막을 의미 있게 보내려면 40대부터 어떻게 삶의 부담을 줄여야 하고 어떻게 생활환경을 단순화시킬 것인지에 대한 인생후반전 계획을 세워야 한다.

중요한 인생 계획을 미리 세운 사람에게는 전에 경험하지 못했던 즐거움과 보람 있는 일이 기다리고 있다. 흔히 은퇴 후에 돈이 얼마가 필요하다며 주눅 들게 하는 소리에 너무 신경 쓰지 않았으면 한다. 물론 돈이 있으면 좋겠지만 그게 다다익선多多益善처럼 꼭 그런 것은 아니다. 그보다는 은퇴 후에 과연 무엇을 할 것인가를 찾아야 한다. 그것만 찾으면 은퇴준비의 반은 끝난 셈이다. 나머지 반은 거기에 올인만 하면 된다. 이 책이 그것을 찾는 데 다소나마 길잡이가 되었으면 좋겠다.

마지막으로 내게 길을 알려준 선인들에게 감사드리고 내가 걷는 길에 동행하여 지혜를 함께 나누어 준 '아름다운인생학교' 학생들에게도 고마운 마음을 전한다.

백만기 아름다운인생학교 교장

✒ 1장
은퇴 준비는 빠를수록 좋다

2장
은퇴해도 할 일은 많다

3장

나이 들어 좋은 게 더 많다

1장

은퇴 준비는
빠를수록 좋다

훌륭한 삶에는 세 가지 요소가 있다.
배우는 일, 돈 버는 일,
무엇인가 하고 싶은 일이 그것이다.

_ 크리스토퍼 몰리 Christopher Morley

1

우간다보다
못한 한국인의
금융지식

◆　　◆

◆

　　　　돈이 많은 사람이 금융지식 수준이 높을까? 돈이 없는 사람이 금융지식 수준이 높을까? 2015년 11월 《중앙일보》가 전국 30~59세 남녀 1천 명을 대상으로 설문조사한 결과, 돈이 많은 사람들의 금융지식 수준이 더 높았다. 조사에 따르면 월 소득 200만 원 이하의 사람은 금융이해도가 21퍼센트에 그쳤지만, 월 소득 700만 원 이상인 사람은 61퍼센트로 세 배나 높았다.

　　나의 경험으로도 그렇다. 금융회사에 재직 중이었을 때를 돌아보면 돈이 많은 고객들의 금융지식 수준은 금융기관 종사자들 못지않게 높았다. 그래서 직원들에게 금융자산이 많은 고객을 상대할 때에는 막연히 우리 회사 금융상품이 좋다고 설명하지 말고 고객의 입장에서 포트폴리오를 짜주는 것이 더 설득력 있다고 당부했다. 부자들은 돈도 많은 데다가 금융지식 수준까지 높으니 서민들과 소득격차가 더욱 벌어지는 건 당연지사다.

그렇다면 국민 평균의 금융지식 수준은 어떨까? 스탠더드앤드푸어스S&P가 2015년 각국의 금융이해력을 조사한 적이 있다. 국가별 금융이해력 순위는 스웨덴, 노르웨이, 덴마크가 71퍼센트로 제일 높았다. 그다음은 이스라엘, 캐나다가 68퍼센트로 상위권에 랭크되었다. 참고로 미국은 57퍼센트로 14위, 일본은 43퍼센트로 38위였다. 아프리카의 가봉은 35퍼센트로 67위, 우간다는 34퍼센트로 76위였다.

그런데 우리나라 순위가 놀라웠다. 우리나라는 33퍼센트로 77위였다. 세계무역량 순위 10위권을 오르내리는 대한민국이 왜 금융이해도는 우간다보다 낮을까? 《중앙일보》 설문조사에 따르면 학교나 직장에서 금융교육을 받은 경험이 없다는 사람이 75퍼센트에 달했다. 교육을 받지 못했으니 금융이해도가 낮은 것은 당연한 결과다.

일찍이 금융지식의 필요성에 대해 강조한 사람이 있다. 미국 연방준비위원회FRB의 전 의장, 앨런 그린스펀이다. 그는 문자문맹은 생활하기가 불편할 따름이지만 금융문맹은 그 사람의 생존이 달려 있다고 했다. 금융지식이 없으면 삶을 유지하기 어렵다는 말이다. 그러나 불행하게도 우리나라에는 금융문맹이 많다. 한때 《조선일보》는 '대한민국 금융문맹'이란 주제로 시리즈 기사를 내기도 했다.

왜 우리나라는 금융문맹이 많을까? 그 이유는 가르쳐주는 곳이 없기 때문이다. 부모가 금융지식이 많으면 자녀들을 가르쳐줄 텐데 부모가 금융에 대해 무지하다. 학교 선생이 금융을 잘 알면 아이들에게 알려줄 텐데 학교 선생 역시 금융지식이 부족하다. 직장 상사가 금융에 대해 알면 좋겠지만 직장 상사 또한 모르긴 마찬가지다. 그래서 '대한민국 금융문맹'이란 얘기가 나온 것이다.

유대인은 아이가 13세가 되면 '바르 미츠바'란 성인식을 치른다. 이때 부모와 친척들이 모여 축하를 하는데, 대개의 경우 봉투에 일정 금액을 넣어 아이에게 축하금으로 건넨다. 유대인 중산층의 경우 그 금액이 4만 달러에 달한다고 한다. 우리 돈으로 4,600만 원쯤 되니, 결코 적지 않은 금액이다. 축하금을 받으면 아이는 향후 그 돈을 어떻게 운용할지 사람들 앞에서 발표한다. 물론 성인식을 대비하여 그전부터 아버지에게 교육을 받는다.

이렇게 어렸을 때부터 지속적으로 아버지로부터 금융교육을 받은 유대인 아이가 대학 졸업 후 자금을 운용하는 금융기관에 취직했다. 반면 대학을 졸업하기 전까지 부모에게 일방적으로 용돈을 타서 쓰던 우리나라 학생도 마찬가지로 금융기관에 취직했다. 이 둘 중 누가 더 자금운용을 잘할까? 굳이 말하지 않아도 답은 알 것이다. 이는 인구 800만 명밖에 되지 않는 유대인이 세계 경제를 좌우하는 힘이기도 하다.

젊었을 때부터 금융교육을 받았다면 좋았으련만, 후회해도 어쩔 수 없는 일이다. 그러나 포기해서는 안 된다. 늦었지만 이제부터라도 금융공부를 하면 된다.

금융의 사전적 의미는 무엇일까? 금융은 금전을 융통하는 일, 특히 이자를 붙여서 자금을 대차하는 일과 그 수급관계를 뜻한다고 나와 있다. 사전을 보니 더 어렵게 느껴진다. 쉽게 얘기하면 돈을 맡기거나 빌릴 때 이자를 주고받는 일이다. 우리나라에 이런 금융기관은 어떤 곳이 있을까? 대표적인 곳으로 은행을 들 수 있다. 그리고 보험회사, 증권회사, 저축은행, 새마을금고, 신용협동조합 등이 있다.

흔히 금융지식이 부족한 사람은 금융이란 문구가 들어가면 다 같은 금융기관인 줄 아는데, 그건 아니다. 이런 오해가 있을까봐 정부에서는 공금융기관 외에는 금융이란 단어를 사용하지 못하게 했다. 그러나 아직도 이런 용어를 쓰는 사금융업체가 있으니 유의해야 한다.

금융기관은 크게 은행, 보험회사, 증권회사로 나뉜다. 저축은행, 새마을금고, 신용협동조합은 규모가 작을 뿐이지 업무성격상 은행의 범주에 넣어도 괜찮다. 은행은 고객으로부터 예금을 받고 이를 원천으로 신용을 창조하여 기업에 대출을 해준다. 그리고 그 예금과 대출 금리의 차이를 주 수익원으로 한다. 보험회사는 미래에 발생할 손실을 보상해주기 위해 고객들에게 보험료를 받는데, 그것이 주 수익원이다. 증권회사는 말 그대로 증권을 사고파는 일을 중개하며, 그 수수료를 주 수익원으로 한다.

과거에는 이런 금융기관의 영역이 엄격히 제한되었는데, 요즘에는 세 금융기관의 영역이 많이 무너졌다. 그래서 은행에서 보험 상품을 팔기도 하고, 보험회사에서 은행처럼 대출을 해주기도 한다. 증권회사도 증권을 담보로 대출해주기도 하고, 은행 예금과 흡사한 금융 상품으로 고객의 여윳돈을 받기도 한다. 주식에 투자하기를 원하나 전문 지식이 부족한 사람을 위해 펀드를 만들었는데, 지금은 이 펀드를 은행에서도 취급한다. 보험회사에서 만든 변액보험은 이름만 보험이지, 상품의 성격은 펀드와 거의 같다고 보면 된다.

보험회사는 은행이나 증권회사와는 달리 보험설계사라는 영업사원을 통해 주로 영업이 이루어진다. 보험 상품을 유치해오면 이들에게 그에 상응하는 인건비를 지불하는데, 이런 것들이 합쳐져 초기에 고객의 자금에서 사업비로 일괄 공제된다. 그러므로 보험에 가입할 때는 중도에 해약할 가능성이 있는지 따져봐야 한다. 계약 후 얼마 지나지 않아 해약할 경우엔 자칫 원금 손실을 볼 수도 있기 때문이다.

이 외에 금융파생상품이 있다. 요즘 은행 창구에서 판매하는 ELS Equity-Linked Securities나 증권사 계좌에서 살 수 있는 ETF Exchange Traded Funds 같은 것이 다 파생상품이다. ELS는 보통 '주가연계증권'이라 불리며, 개별 주식이나 지수에 연계되어 수익이 결정되는 상품이다. ETF는 '상장지수펀드'라고도 불리며, 코스피200 KOSPI 200과 같은 특정 지수를 모방한 포트폴리오를 구성하여 산출된 가격을 상장시킴으로써 주식처럼 자유롭게 거래되도록 설계된 지수상품이다.

고객이 펀드에 가입하면 펀드매니저들이 특정 주식을 사기도 하지만, 코스피200을 추종하는 ETF에 투자하기도 한다. 왜냐하면 ETF 투자수익률이 시장수익률 못지않고 언제든지 환금을 할 수 있기 때문이다. 그러므로 주식에 투자하고 싶은데 자신이 없는 사람은 ETF 상품에 투자하는 것도 한 방법이다.

펀드의 수수료는 보통 2퍼센트 수준인 데 반해 ETF의 수수료는 0.05~0.15퍼센트로 매우 낮은 것도 장점이다.

은행 창구에서는 왜 예금보다 ELS를 권할까? 예금금리가 너무 낮은 데다가 예금을 받으면 예금 보험료를 예금보험공사에 내야 하고, 예금으로 조달된 자금을 운용하기가 어렵기 때문이다. ELS는 그런 제한 없이 파는 대로 일정률의 수익을 챙길 수 있는 금융 상품이다. 고객은 수익이 적은 데도 높은 위험을 부담해야 하고, 은행은 아무 위험 없이 안전한 수익을 챙기고 있다. 고객들의 손실과 관계없이 수수료를 징구하는 시스템이다.

그렇다면 창구 직원들이 권유하는 금융 상품은 믿을 수 있을까? 창구 직원들의 금융지식은 생각보다 미흡하다. 그리고 직원들의 말을 곧이곧대로 믿어서는 안 된다. 과거 동양증권이나 LIG보험은 계열회사에서 발행한 채권이나 CP기업어음를 고객들에게 권유했다가 큰 손실을 입히고 사주가 구속되는 사건도 있었다. 금융사는 고객의 이익보다 자사의 이익을 먼저 챙긴다고 생각하면 된다. 그러므로 창구 직원의 말은 그저 참고만 하고 자신의 금융지식을 늘리는 것이 필요하다.

몇 년 전, 세계 최고의 투자은행으로 꼽히는 골드만삭스의 직원이 회사를 그만두며 한 매체에 보낸 기고문에 월가Wall Street는 물론 전 세계 금융가가 술렁거린 적이 있었다. 골드만삭스 경영진은 고객의 이익보다 회사의 수익을 더 중시한다는 내용이었다. 그는 무엇보다 골드만삭스 임원들의 고객관이 부도덕하다고 꼬집었다. "지난 12개월 동안 고객을 '봉muppets'이라고 지칭하는 임원을 다섯 명이나 목격했다"고 전하며, 이는 고객의 돈을 빼앗는 문화라고 했다. 그는 실제로 파생상품 판매 회의에 들어가면 고객을 위한 내용은 전혀 찾아볼 수 없다고 지적했다.

우리나라라고 다를까? 모 금융기관의 은퇴연구소장을 역임했던 사람도 회사를 퇴직할 때 "재직 중에 내가 했던 얘기들은 회사의 금융상품을 팔기 위한 공포마케팅이었다"고 고백했다. 금융회사의 마케팅 방법을 이해하기 위해선《금융회사가 당신에게 알려주지 않는 진실》이라는 책을 보면 잘 알 수 있다.

경제 상황이 불투명하여 자금을 운용하기 어려운 때일수록 금융지식을 공부할 필요가 있다. 모르면 불안하지만 알고 나면 그리 어렵지 않은 것이 금융지식이다.

무슨 일이든 하루아침에 이룰 수는 없다. 금융지식을 쌓는 것도 그렇다. 경제신문을 꾸준히 구독하여 경제 흐름을 읽는 노력이 필요하다. 뜻이 맞는 친구나 지인들과 스터디클럽을 만드는 것도 좋다. 적어도 금융회사 창구 직원의 말에 휘둘리지 않도록 우리 스스로 기본적인 금융지식을 갖추어야겠다.

2

자금운용의
삼분법

금리가 1퍼센트대로 떨어졌다. 초저금리 시대가
도래한 것이다. 그동안 직장생활을 하며 모은 돈을 은행에 예
금하고, 그 이자로 생활하려던 은퇴자들에게는 참으로 난감한
소식이 아닐 수 없다. 그렇다면 노후 자금을 어떻게 운용해야
좋을까?

금융전문가들은 재테크 수단으로서의 예금이 그 수명을 다
했다고 본다. 결국 앞으로는 은행 예금이자로 생활하기가 쉽
지 않다는 얘기다. 모아둔 돈으로 창업을 생각할 수도 있다. 그
러나 창업은 5년 이내에 폐업하는 비중이 80퍼센트에 달할 정

도로 위험이 크다. 돈을 벌기는커녕 그동안 알뜰하게 모아놓은 돈을 까먹기 십상이다.

창업보다는 성공한 기업에 투자하면 어떨까? 그 기업의 주식에 투자를 하는 것이다. 물론 주식 투자가 쉬운 일은 아니다. 원금을 잃을 위험도 있다. 하지만 위험이 없으면서 수익은 높은 상품은 세상에 없다. 어느 정도의 위험은 감수해야 한다. 다만, 그 위험을 최소화할 수는 있는데, 바로 공부를 통해 기업의 가치를 알고 투자하는 것이다.

사람들은 흔히 주식을 단기간에 사고파는 투기로만 생각한다. 주식이 쌀 때 사서 비싸게 파는 것이다. 아마 주식 투자를 하는 모든 사람의 바람일 것이다. 그러나 매매 타이밍을 맞추기란 결코 쉽지 않다. 언제 주가가 오르고 언제 내릴지 예측하는 건 전문가에게도 대단히 어려운 일이다. 일반인들은 거의 불가능하다고 보면 된다. 전문가들이 장기투자를 권하는 이유이기도 하다.

그것보다는 자신이 잘 아는 기업과 동업한다는 개념으로 접근하면 어떨까 싶다. 증권시장에 상장된 기업들은 사력도 있고 꽤 까다로운 심사를 통과한 우량 기업이다. 따라서 리스크가 큰 창업보다는 이들 기업에 투자하여 이익을 나누는 것이다. 다만, 시장에 상장한 지 얼마 되지 않아 사업성이 검증되지 않은 기업은 경계해야 한다.

어느 경제연구소의 발표를 보니, 우리나라 기업의 평균 자기자본 이익률은 7.6퍼센트다. 주가대비 수익을 나타내는 PERPrice Earning Ratio은 평균 10인데, 이는 금리로 10퍼센트에 해당한다. 반면 은행의 정기예금 금리는 1퍼센트대에 불과하다. 어떤 방법으로 돈을 운용하는 것이 자신에게 유리할까? 지금은 주식 투자를 통하여 개인이 기업의 이익을 공유하는 것도 필요하다.

금융회사에서 판매하는 펀드에 투자하는 것도 생각해볼 수 있지만, 수수료가 너무 비싸고 잘 운용하지도 못한다. 액티브펀드펀드매니저가 유망 종목을 발굴하는 등 적극적으로 운용해서 시장보다 높은 수익률을 추구하는 펀드의 수익률이 코스피지수 상승률을 쫓아가지 못하는 게 현실이다. 이제는 소위 전문가라는 사람의 말에 휘둘릴 것이 아니라 스스로 펀드매니저가 되는 지혜가 필요하다.

상가 투자를 예로 들면, 사람들은 상가건물이 매물로 나왔다고 덜컥 계약하지 않는다. 먼저 상가 가격이 주변 시세에 비해 비싸지는 않은지 따져보고, 또 한 달에 얼마나 버는지 계산한다. 그밖에 장사하기 위해 꾸며놓은 집기비품의 가격이 얼마나 되는지, 그리고 종업원들의 서비스는 좋은지도 검토 대상이다.

이렇게 오랫동안 면밀히 조사한 후 괜찮다는 판단이 들면 상가를 매수한다. 주식 투자도 마찬가지다. 남의 얘기에 솔깃해서 무턱대고 투자할 것이 아니라 부동산 투자하듯이 이것저것 꼼꼼히 따져보고 투자하면 된다.

먼저 주식의 자산 가치를 알아야 한다. 이는 상가 가치가 주변 시세에 비해 비싸지는 않은지 따져보는 것과 같다. 주식 시장에서는 주가순자산비율, PBRPrice on Book-value Ratio이라 한다. 알기 쉽게 설명하면, 어느 회사의 자산을 시장가격으로 매도했을 때의 가치와 현재의 주가를 비교한 것이다. PBR이 1이라면 두 가격이 같은 것이고, 1 이상이라면 자산의 가치보다 주가가 높은 것이다.

그렇다면 PBR이 1보다 높은 것이 좋을까, 낮은 것이 좋을까? 당연히 낮은 주식이 좋다. 모든 조건이 동일하다면 PBR이 낮을수록 저평가된 주식이라고 보면 된다.

상가가 1년에 얼마나 돈을 버는지를 따져보는 일은 주식의 수익 가치와 관련 있다. 시장에서는 주가수익률, PER이라고 부른다. 주가가 현재 벌어들이는 수익의 몇 배나 되는가를 나타내는 용어다. 매년 수익을 돌려받을 때 내가 투자한 원금을 몇 년에 걸쳐 회수하는가를 생각하면 이해가 쉽다. 만일 PER이 10이라면 원금을 회수하는 데 10년이 걸린다는 의미다. 또한 PER은 이자율의 역수이기도 하다. PER이 10이라면 10퍼센트, PER이 20이라면 5퍼센트인 셈이다. 그렇다면 PER이 높은 것이 좋을까, 낮은 것이 좋을까? 이것도 당연히 낮은 것이 좋다.

장사하기 위해 꾸며놓은 집기비품이나 인테리어 비용은 회사의 재고자산이나 고정자산으로 생각하면 된다. 주인이나 종업원의 서비스는 회사 경영진의 능력이나 세평으로 이해하면 쉽다. 남의 빚을 얼마나 쓰고 있는가도 따져야 한다. 이것은 주식회사의 부채비율로 보면 된다. 매년 상가의 매출액이 늘어나는지도 고려 대상인데, 이것은 회사의 매출성장률이다.

이와 같이 주식 투자도 상가 투자와 별반 다를 게 없다. 상가에 투자할 때 남이 좋다는 말만 듣고 선뜻 투자하는 사람은 없다. 주변 상가와도 시세를 비교하고 사람은 얼마나 출입하는지도 따져본다. 주식도 이처럼 상가 투자하듯이 이모저모 점검해 보고 투자하면 큰 실수는 하지 않는다.

부동산 투자를 선호하는 사람이라면 부동산을 많이 보유한 회사에 투자하는 것도 한 가지 방법이다. 부동산에 투자했을 때처럼 등록세나 취득세도 내지 않을 뿐더러 매도했을 때 내야 할 양도소득세도 거의 없다. 부동산처럼 팔기가 어렵지도 않다. 언제든지 마음만 먹으면 시장에서 매도할 수 있다.

실제로 지인 중에는 부동산의 가치를 보고 주식을 투자하는

안정된 노후생활을 위해서는 자산을 예금ㆍ부동산ㆍ주식에 적절히 나눠 투자해야 한다.

이때 안정성과 수익성, 유동성을 모두 고려한 포트폴리오 구성은 기본 중의 기본이다.

사람이 있다. 그는 어느 회사가 가진 부동산의 가치를 현 시세와 비교해보고 주가가 저평가돼 있다는 판단에서 그 회사의 주식을 매입했는데, 현재 큰 평가수익을 기록하고 있다.

이렇게 말하면 주식 투자가 다른 부문의 투자보다 우수하다고 오해할지 모르겠으나, 그것은 아니다. 모 증권회사에서 과거 30년간 예금과 주식, 부동산 중 어느 투자가 제일 수익률이 높은지 분석해봤는데, 사람들의 기대와는 달리 예금이 가장 높았다. 우리나라가 경제개발이 한창일 때는 예금금리가 꽤 높았기 때문이다. 그럼, 앞으로도 그럴까? 그것은 모를 일이다. 다만, 우리나라 사람들의 자산이 부동산에만 편중돼 있어 포트폴리오를 다양하게 짜라는 의미에서 하는 얘기다.

부동산 투자를 할 때도 신중함은 기본이다. 남이 하는 대로 따라 해서는 곤란하다. 수익성 부동산인 상가나 오피스텔에 투자하더라도 역세권 등 위치를 잘 고려해야 한다. 앞으로도 공급이 계속될 수 있는 곳이라면 지금은 괜찮아도 나중에 임차인을 못 찾아 애를 먹을 수가 있다. 재건축 아파트 투자도 그렇다. 연간 아파트 공급이 수요에 비해 거의 두 배가 넘는다. 자기 집을 마련하는 것이라면 모르겠지만 부동산 가격이 폭락이라도 한다면 난감한 일이다.

지금은 대내외 경제 상황이 좋지 않아 자금을 운용하기가 쉽지 않은 때다. 이럴수록 기본에 충실할 필요가 있다. 남의 말만 듣고 일방적인 투자에 나서기보다는 자산배분의 포트폴리오를 효율적으로 구성해야 한다. 한 부문에 집중투자하기보다는 자금운용의 삼분법, 즉 유동성·안정성·수익성을 고려하여 예금과 부동산, 주식에 적절히 분산투자하는 것이 안정된 노후생활을 위해 바람직하다.

3

주식
투자가
궁금하다

◆　　　　◆

◆

　　　금리가 낮아 돈을 예금 상품에만 넣어두자니 불안하다. 그렇다고 부동산을 사두자니 돈이 필요할 때 쉽게 팔 수가 없어 불편하다. 그런 사람에게는 주식 투자가 검토해볼 만한 대안이다. 예금과 달리 물가변동 위험을 피할 수 있고, 돈이 필요할 때 쉽게 현금화할 수 있기 때문이다. 그러나 주식 투자에는 위험성이 따르므로 쉽게 결정하기 어렵다. 주식 투자로 패가망신했다는 소리도 심심찮게 들리니 두렵기만 하다.

　주식 투자가 남들이 얘기하는 것처럼 그렇게 위험할까? 물론 투자했다가 손해 볼 수는 있다. 그런 위험은 펀드나 ELS,

ETF 같은 상품도 마찬가지다. 지금은 안전하면서도 높은 수익을 올리는 상품이 거의 없다고 봐야 한다. 누군가가 그런 투자처가 있다고 유혹한다면 그건 사기일 가능성이 농후하다.

만일 당신이 삼성전자에 투자했다고 가정하자. 삼성전자 주식을 사는 게 패가망신을 할 정도로 위험할까? 그렇지는 않다. 삼성전자는 세계적인 기업이다. 외국인들은 삼성전자에 투자하고 있다. 그러므로 삼성전자와 같은 우량기업을 찾아 투자한다면 위험을 최소화할 수 있다. 한국전력 같은 국영기업체에 투자하는 것도 한 방법이다. 한국전력은 우리나라 산업에 동력을 공급하는 거의 유일한 회사다. 대한민국이 망하지 않는다면 한국전력 또한 망하지 않는다. 한국전력 역시 외국인들이 좋아하는 주식이다.

그렇다면 어떤 사람이 패가망신할 가능성이 높을까? 오래전 주식 시장이 활황일 때 지인 한 사람이 찾아왔다. 그는 여윳돈 5천만 원으로 주식 투자를 하고 싶다며 조언을 구했다. 자금의 성격이 궁금했다. 1년 안에 쓸 가능성이 있냐고 물었다. 그는 그럴 수도 있다고 했다. 그러면 주식에 투자하지 말고 5천만 원까지는 예금보호가 되니 저축은행에 예금하기를 권했다.

그러나 그는 주식에 투자하고 싶다고 고집했다. 주식에 투자한다면 수익률을 어느 정도 기대하냐고 물었다. 슬며시 웃으며 배는 되어야 하지 않겠냐며 나의 눈치를 살폈다. 주식에 투자한다고 단기간에 그런 수익률을 기대하는 건 위험하다며, 나는 다시 저축은행에 예금하기를 권했다. 그는 꽤 실망한 눈치로 돌아갔다.

세월이 좀 지나, 그를 우연히 다시 만났다. 서로 안부를 묻다가 전에 상담했던 일이 기억나서 '그때 자금을 잘 운용했냐'고 물었더니 표정이 어두워졌다. 그러면서 자신의 얘기를 들려주었다. 지인의 소개로 만난 사람이 골라준 종목에 투자했는데, 처음에는 어느 정도 수익을 봤단다. 그러나 반년이 지나자 주가가 반 토막이 났고, 추천해준 사람에게 어떻게 해야 할지 물으니 자기더러 알아서 하라는 답변이 돌아왔다고 한다.

나는 어떤 종목인지 물었다. 그가 이름을 대는데, 처음 듣는 회사였다. 인터넷으로 조회해보니 코스닥에 등록된 신생기업이었다. 나는 그 회사의 재무제표를 살펴본 뒤 지인에게 부도날 수도 있으니 얼른 정리하라고 권했다. 당시 지인은 투자금의 80퍼센트 정도를 잃은 상황이었는데, 나는 나머지 20퍼센트라도 건져야 하지 않겠냐며 주식을 팔라고 했다. 그리고 우리는 헤어졌다.

얼마 뒤 신문에서 그 회사가 부도난 기사를 접했다. 그에게 전화로 주식을 팔았냐고 물으니 팔지 못했다고 했다. 그동안 손해 본 것을 생각하니 도저히 팔 수가 없었단다. 그는 남의 말만 믿고 경솔하게 주식 투자를 했다가 원금을 모두 잃은 것이다.

이 사례에서 얻을 수 있는 것은 무엇일까? 첫째, 주식 투자는 여윳돈으로 해야 한다. 주식 투자를 하는 사람들의 염원은 주식이 쌀 때 사서 비싸게 파는 것이다. 그러나 주식의 매매 타이밍은 아무리 전문가라도 예측하기 어렵다. 거의 불가능하다고 보면 된다. 주가의 변동 추이를 보면 주식은 계단식으로 오른다. 한동안 횡보를 하다가 어느 시점이 오면 그동안 오르지 못했던 주가가 한꺼번에 반영되는 것이다. 그 시점이 언제일지는 아무도 알지 못한다. 주식을 장기로 투자해야 하는 이유다. 그런데 여윳돈이 아니라면 마음이 조급해져서 장기투자를 할 수가 없다.

둘째, 남의 말을 그대로 따라 해서는 안 된다. 세계적인 투자자 짐 로저스가 내한했을 때 기자들이 그에게 투자의 요령에 대해 물은 적이 있다. 그때 그는 '남의 말을 그대로 따라 해서는 안 된다'는 말을 남겼다. 하물며 그는 '자신의 말도 믿지 마라'고 했다. 주식 투자는 자신의 신념에 따라 해야지, 남의 말만 듣고 따라 하다간 실패하기 십상이다. 자신이 결정한 판단에 실수가 있어도 속상한데 남의 말을 따라 하다가 실패했을 때의 상실감은 정신 건강에도 좋지 않다. 그렇다면 잘 모를 땐 어떻게 해야 할까? 그땐 투자를 안 하면 된다.

셋째, 자신의 판단이 잘못되었다는 사실을 알면 그 사실을 인정하고 더 큰 실수를 방지해야 한다. 주식이 계속 하락하여 휴지조각이 될 가능성이 있다면 당연히 주식가치가 반 토막이 난 시점에서라도 손절매損切賣, 앞으로 주가가 더욱 하락할 것으로 예상하여, 갖고 있는 주식을 매입 가격 이하로 손해를 감수하고 파는 일를 해야 더 큰 손실을 피할 수 있다.

넷째, 중소형 주식에 투자하는 것은 위험하다. 경기는 항상 변동하는데, 대기업은 이런 경기 변동에 대처할 수 있는 능력이 있지만 중소기업은 아무리 사업 아이템이 좋아도 경기 변동에 약할 수밖에 없다. 바다에서 파도가 칠 때 작은 배를 타본 사람은 이해할 것이다. 더구나 중소형 주식은 투기세력의 대상이 되기도 한다. 거래량이 적어 팔고 싶을 때 잘 팔리지도 않는다. 그러므로 자신이 잘 아는 기업이 아니라면 중소형 주식에 장기투자를 하는 것은 신중하게 고민해봐야 한다.

다섯째, 주식 투자는 로또복권이 아니다. 투자를 해야지 투기를 해선 안 된다. 투자하다보면 큰 수익을 올릴 때도 있지만, 그것을 일반화해서는 곤란하다. 그렇다면 주식의 기대수익률은 얼마나 될까? 펀드매니저들의 목표수익률은 대개 10퍼센트다. 물론 10퍼센트를 초과하는 펀드도 있지만 이는 극히 소수다. 한두 번은 그럴 수 있지만 매년 그런 수익을 올리는 펀드는 거의 없다. 미국 와튼스쿨의 제러미 시겔 교수에 따르면, 주식 투자에 대한 위험보상률은 3퍼센트 내외다. 그러므로 주식의 기대수익률을 정할 때는 '금리 + 3퍼센트' 정도면 타당할 것 같다.

주식에 투자하려면 어떤 준비가 필요할까? 먼저 가까운 증권회사를 찾아 계좌를 개설하고 돈을 입금한다. 그런 다음 원하는 주식을 사고팔면 된다. 매수 주문은 직접 창구에 찾아가거나 전화로 할 수 있다. 요즘은 HTSHome Trading System라는 프로그램을 다운로드받아 대개 컴퓨터를 통해 매매가 이루어진다.

HTS 프로그램을 컴퓨터에 깔면 주식을 매매할 수 있을뿐더러 기업의 여러 가지 재무정보를 볼 수 있다. 그러나 이런 기업의 재무 상황을 판단하기 위해서는 몇 가지 공부가 필요하다. 먼저 재무제표를 읽는 법을 익혀야 한다. 시중에 나와 있는 책 중에서 쉬운 것을 하나 구입하여 읽으면 웬만한 정보는 거의 파악할 수 있는 눈이 뜨인다.

경제신문을 구독하는 것도 경제 흐름을 읽는 데 도움이 된다. 단, 신문기사를 곧이곧대로 믿어서는 안 된다. 신문기사 또한 남의 의견일 뿐이다. 그리고 기사를 가장하여 미끼를 던지는 광고도 있다. 주식 투자에 관한 책을 몇 권 골라 읽는 것도 좋다. 내가 추천하고 싶은 책은 벤저민 그레이엄이 쓴《현명한 투자자》와 제러미 시겔이 쓴《주식에 장기투자하라》이다.

지식이 어느 정도 쌓이기 전까지는 본격적인 투자에 나서기보다는 공부하는 셈치고 적은 돈으로 주식을 매매해본다. 그리고 3개월마다 발표하는 기업의 분기보고서를 보고 기업의 실적에 따라 주식의 가격이 어떻게 변하는지 살펴본다. 실적의 변동 폭이 너무 큰 기업은 피해야 한다. 그만큼 리스크가 크기 때문이다.

그럼, 어떤 주식에 투자해야 할까? 가급적 자신이 잘 아는 기업을 선택해야 한다. 주부라면 음식료품이나 유통업 관련 주식이 될 것이다. 어쩌면 여의도 증권회사의 애널리스트보다 살림하는 주부가 더 빠르고 올바른 판단을 할 수도 있다. 주식에 관심 있는 사람들이 모여 '투자클럽'을 결성하는 것도 좋다. 클럽을 통해 자신의 의견을 검증할 수도 있고, 서로 업종별로 역할을 분담하여 기업분석을 하면 시간도 절약할 수 있다. 또한 투자클럽을 통해 여러 가지 재테크 정보도 얻을 수 있다.

세계적인 투자자 워런 버핏은 아흔에 가까운 나이지만 요즘도 하루 5시간씩 공부한다고 한다. 그의 여가활동 중 80퍼센트가 독서다. '소위 전문가라는 사람도 이렇게 열심히 공부하는 걸 보면 주식 투자가 쉬운 일은 아니구나' 하며 뒷걸음치는 사람도 있을 것이다. '늘그막에 무슨 공부냐'며 손사래를 칠지도 모르겠다. 그러나 공부만큼 재미있는 일도 없다. 버핏이 좋은 예다. 그가 무슨 돈을 더 벌겠다고 공부를 하겠는가.

일본의 어느 기관에서 60대 중반 여성에게 어떤 사람이 행복한가를 물었다.[1] 가장 불행한 사람은 아무 일 없이 세월을 보낸 사람이었다. 반면, 새로운 행복을 찾아 누린 사람은 세 가지로 나타났다. 그중 하나가 공부를 시작한 사람이다. 나머지 둘은 취미활동을 계속한 사람, 봉사활동에 참여한 사람이다.

은퇴한 뒤엔 시간도 많지 않은가. 아무 목적 없이 그저 하루하루를 소일하는 것보다는 독서를 통해 자기계발을 하고, 투자한 기업이 어떻게 커나가는지 관심을 갖는 것도 보람된 일이다. 이렇게 쌓인 금융지식으로 자녀에게 금융교육을 시킬 수 있다면, 그것은 덤이다.

---

1 김형석, 《백년을 살아보니》, 덴스토리, 2016년, 257쪽

4

현명한
투자자의
조언

◆　　◆

◆

　　일전에 은행에서 메일이 온 적이 있다. 세계경제 동향과 자사에서 판매하는 금융상품에 대해 투자설명회를 한다는 내용이었다. 그동안 몇 번 가봤지만, 거의 자사 상품을 홍보하다가 끝났기에 그냥 지나치려다가 혹시나 하며 참석했다.

　　투자설명회 장소는 은행 회의실이었다. 내가 갔을 땐 벌써 30여 명의 고객이 앉아 있었는데, 젊은 주부부터 나이 지긋한 할아버지까지 연령대도 다양했다. 공통점이 있다면 '어떤 강의가 진행될까' 하는 호기심으로 가득 찬 눈빛이었다.

　　잠시 뒤 강의가 시작되었다. 강사는 세계경제 동향을 설명하며 좋은 투자처로 어느 지역을 추천했다. 곧이어 그 지역에 투자한 자사 상품에 대한 설명이 이어졌다. 그러자 한 노인이 자리에서 일어나 강사에게 질문을 했다.

"2년 전에 은행 창구 직원이 중국에 투자하는 것이 좋겠다고 해서 중국 펀드에 가입했는데, 1년 만에 평가손실이 30퍼센트나 났습니다. 직원이 겸연쩍어하며 지금은 중국보단 인도에 투자하는 게 좋겠다고 권해서 다시 인도 펀드로 바꾸었습니다. 그런데 또 1년 만에 20퍼센트가 떨어졌습니다. 이제 또 다른 지역의 펀드에 투자하라고 권하니, 어떻게 하라는 얘기입니까?"

갑작스런 질문에 강사도 당황한 표정이 역력했다. 얘기를 들어보니 그 어르신은 2년 만에 투자원금의 절반가량을 잃었다. 그분만 그랬을까? 아마 펀드에 투자했던 참석자들 모두가 유사한 경험을 했을 것이다. 왜 이런 일이 일어났을까? 먼저 펀드의 속성을 알아보자.

펀드란, 불특정 다수인으로부터 모금한 실적배당형 성격의 투자기금이다. 펀드의 투자가 이루어지는 흐름은 다음과 같다. 고객은 은행이나 증권회사 등 펀드를 판매하는 회사에 돈을 맡긴다. 판매회사는 신탁회사로 돈을 보내고, 자산을 운용하는 회사는 신탁회사를 상대로 어느 주식을 얼마만큼 사라는 지시를 내린다. 신탁회사는 받은 돈을 관리하면서 자산운용회사의 지시를 따르고, 운용에 따른 수익과 손실은 고객에게 귀속된다.

이 과정에서 판매회사는 판매 수수료를 요구하고 자산운용 회사는 운용 수수료를, 신탁회사는 신탁 수수료를 가져간다. 얼핏 보기에는 자산운용 수수료가 제일 높을 것 같지만 사실은 판매 수수료가 더 높다. 판매회사가 고객에 대한 자신의 힘을 과시하며 수수료를 제일 많이 가져가기 때문이다.

펀드에는 고객들이 금융 시장 정보에 어둡고, 자산을 운용하는 사람들은 그 분야의 전문가라는 가정이 깔려 있다. 이 가정은 맞기도 하고 틀리기도 하다. 왜냐하면 펀드의 수익률이 들쑥날쑥하기 때문이다. 자산을 운용하는 사람이 전문가라면 이들이 운용하는 자산의 수익률이 시장보다 높아야 당연하다. 그러나 실제는 그렇지가 않다.

펀드평가사 제로인이 2016년 상반기 국내 펀드 시장의 성적표를 뽑아봤더니, 일반 주식형 펀드 1,456개의 평균 수익률이 −2.3퍼센트에 그쳤다. 인기를 끌었던 중소형 주식형 펀드 251개의 평균 수익률은 −4.6퍼센트로 더 저조했다. 이 기간 동안 코스피지수는 1.3퍼센트 올랐고, 코스피200지수는 2.6퍼센트 올랐는데 펀드매니저들이 그들 나름의 안목으로 종목을 엄선해 담았다는 주식형 펀드의 수익률은 이에 훨씬 못 미쳤던 것이다.

이런 현상을 두고 '펀드매니저들이 시장에 졌다'고 말한다.

주식 시장에 '효율적 시장가설'이란 경제용어가 있다. 이 가설은 1965년 미국의 경제학자 유진 파마가 그의 논문에서 발표한 것이다. 그는 주식의 가격이 이용 가능한 정보를 충분히 즉각적으로 반영하고 있기 때문에 어떤 투자자라도 정보를 이용하여 초과 수익을 얻을 수 없다고 했다. 이는 시장이 효율적이므로 자신이 가진 정보는 이미 주가에 반영되었고, 따라서 투자자의 예측에 영향을 준 정보로 인한 가격 변화는 또다시 발생하지 않는다는 주장이다.

효율적 시장가설에 따르면, 어느 주식을 사더라도 수익률이 다르지 않아야 한다. 그러나 현실은 그렇지 않았다. 워런 버핏이나 조지 소로스 같은 투자자의 존재가 그것을 말해준다. 이들은 시장이 비효율적이어서 주식 시장에는 항상 투자 기회가 존재한다고 주장한다. 펀드의 대부분을 차지하는 액티브펀드매니저의 생각도 그들과 같다.

시장보다 높은 이익을 올리기 위해서는 부단한 노력이 전제되어야 하고, 시장 예측이 쉽지 않으므로 장기적으로 투자해야 한다. 그러나 펀드매니저는 이렇게 하기 어렵다. 상사로부터 지시와 통제를 받는 입장일뿐더러 다른 펀드매니저가 가지 않는 길로 갔다가는 자칫하면 왕따를 당하기 때문이다. 시장에서 판매하는 펀드의 포트폴리오가 거의 다 비슷한 것도 이러한 이유에서다.

펀드매니저가 소신껏 장기투자를 할 수 없는 이유는 또 있다. 어느 주식을 장기로 보유하고 싶어도 고객이 환매를 요청하면 그 주식을 팔 수밖에 없다. 그런 면에서는 개인투자가가 오히려 기관투자가보다 유리하다. 펀드매니저처럼 상사로부터 통제를 받지 않아도 되고, 주식을 미리 팔 필요도 없기 때문이다.

그러나 펀드 수익률이 뒤지는 근본적인 원인은 다른 데 있다. 일반 주식형 펀드에 가입하면 거래비용으로 투자 원금의 일정률을 떼이는 것이다. 와튼스쿨의 제러미 시겔 교수는 주식에 투자했을 때의 위험보상률을 3퍼센트로 잡고 있다. 그런데 펀드는 판매 수수료, 신탁 수수료, 자산운용 수수료 등으로 2~3퍼센트 내외의 거래비용을 내야 한다. 직접 투자했을 때보다 그만큼 지고 들어가는 것이다.[2]

게다가 해외에 투자하는 펀드는 재투자 펀드가 대부분이다. 우리나라 펀드매니저가 해외의 여러 회사에 직접 투자하기보다는 해외에서 설정한 펀드에 재투자를 하는 것이다. 재투자를

---

2 1975년, 그린우드 어소시에이츠(Greenwood Associates)의 업무집행 파트너인 찰스 엘리스는 유력한 논문 〈패자의 게임〉에서 '이런 거래비용 때문에 펀드매니저들이 시장을 이기기 어렵다'고 주장했다.

하면 펀드 수수료를 이중으로 내야 한다. 그만큼 불리할 수밖에 없다. 앞에서 말한 어르신이 투자했던 상품이 바로 이런 것들이다.

워런 버핏의 스승이자 《현명한 투자자》를 쓴 벤저민 그레이엄은 개인투자가들에게 '액티브펀드보다는 패시브펀드_{평균 시장수익률을 추구하는 펀드}, 즉 시장지수를 그저 수동적으로 쫓아가는 ETF 같은 상품에 투자하라'고 권유한다. 개인투자가만 그런 것이 아니다.

2015년 국민연금의 주식 투자수익률은 1.6퍼센트로 일반 정기예금의 수익률을 넘지 못했다. 2014년엔 5퍼센트 이상의 손실이 났다. 상황이 이렇게 되자 국민연금은 자산운용사에 자금을 맡기기보다 패시브 투자로 전환하고 있다. 패시브 투자를 대표하는 ETF 상품의 수수료는 0.03퍼센트에서 0.15퍼센트까지 다양하다. 어떤 상품을 선택해도 액티브펀드의 수수료 2퍼센트 내외보다는 낮다. 그러니까 액티브펀드보다 1퍼센트 이상 이기고 들어가는 것이다.

과거에는 액티브펀드의 비중이 컸었는데, 요즘에는 패시브펀드가 늘어나고 있다. 2010년에는 액티브펀드가 62조 원, ETF 등의 패시브펀드가 8조 3천억 원 수준이었다. 액티브 위주였던 펀드 시장은 2016년 들어 상황이 바뀌었다. 액티브펀

금융 거래는 돌다리 두드리듯이 신중하게 해야 한다.

순간의 선택이 수익을 결정하고,

은퇴 후 삶의 질에도 영향을 미치기 때문이다.

드는 33조 원으로 반 토막 난 반면, 패시브펀드는 19조 1천억 원으로 두 배 이상 커졌다.

패시브펀드는 지수의 성과가 곧 내 펀드의 투자 성과로 연결된다는 점, 펀드매니저의 실수나 개별 종목의 위험으로부터 상대적으로 영향을 적게 받는다는 점, 원하는 수량만큼 원하는 시점에 신속하게 매매할 수 있다는 점, 펀드 구성 종목의 비중과 보유 수량 등 포트폴리오 내역을 실시간으로 확인할 수 있다는 점 등이 장점이다. 패시브펀드는 어쩌면 효율적 시장가설에 근거를 둔 상품이라 할 수 있다.

그렇다면 어떻게 투자하는 것이 좋을까? 능동적으로 의사결정하기를 좋아하거나 성격이 꼼꼼하다면 직접 투자를 권한다. 앞의 사례에서 보듯이 펀드 수수료만큼 이기고 들어가기 때문이다. 그러나 그런 성격의 소유자가 아니고 공부할 시간도 부족하다면 액티브펀드보다는 패시브펀드에 가입할 것을 권한다. 시장수익률이 액티브펀드 못지않을뿐더러 수수료도 저렴하기 때문이다.

단, 액티브펀드를 고를 때는 신중해야 한다. 왜 그 상품이 좋은지 직원에게 자세히 묻고, 스스로 가입 여부를 판단해야 한다. 판단이 잘 서지 않을 때는 다른 금융회사를 방문해서 의견을 구하거나 자산운용회사 직원에게 직접 물어보는 것도 방법이다.

금융 거래는 돌다리 두드리듯이 해야 한다. '순간의 선택이 10년을 좌우한다'는 어느 가전제품의 마케팅 용어처럼, 금융 상품 역시 순간의 선택이 수익을 결정한다.

5

재테크보다
중요한
건강관리

◆　　◆

◆

　　　　모 제약회사의 K회장은 90세 고령임에도 불구하고 아주 정정하다. 어느 날 기자가 인터뷰 말미에 질문 하나를 던졌다.

　　"회장님, 건강의 비결이 무엇이라고 생각하십니까?"

　　"약을 잘 먹지 않습니다."

　　제약회사 오너의 입에서 나온 답은 기자를 놀라게 했다. 건강하기 때문에 약을 잘 먹지 않았던 건지, 아니면 약의 부작용을 알기 때문에 약을 잘 먹지 않았던 건지 궁금하다. 국내에서만 이런 사례가 있는 것은 아니다.

미국의 어느 의사가 들려준 이야기다. 평소 자신의 단골 고객인 중년의 여인이 노모를 모시고 병원에 찾아왔다. 그녀는 어머니의 나이가 92세라고 했다. 자그마한 체구에 깔끔한 외모를 지닌 할머니는 건강이 좋아보였다. 의사는 할머니의 혈압을 재면서 잠시 이야기를 나누었다.

"할머니, 장수 비결이 뭐예요?"

의사의 얼굴을 잠시 가만히 쳐다보던 할머니는 깔깔 웃으며 다음과 같이 얘기했다.

"의사를 가급적 멀리했지."

의사는 고개를 끄덕였다. 나이란 지혜를 얻을 수 있는 최고의 수단이다. 그는 할머니야말로 솔로몬의 지혜를 갖고 있다고 생각했다.

어릴 적에는 동네에 의원이 하나밖에 없었다. 그때는 지금처럼 전문의도 드물었다. 당시에는 의과대학을 졸업하면 의원 간판을 내걸고 의료 행위를 했다. 동네 사람들은 다리를 다쳐도 그곳에 갔고, 배가 아파도 그곳에 가서 치료를 받았다. 환자가 너무 아파 의원에 오기 어려우면 의사가 왕진가방을 들고 집으로 찾아가기도 했다. 아마 그 의사는 이웃 사람들의 사정을 전부 꿰뚫고 있었을 것이다.

언제부터인가 의료장비가 하나둘 병원에 설치되기 시작하

더니 문진보다는 검사 결과에 의존하는 일이 많아졌다. 환자들도 값비싼 의료장비가 있는 곳을 선호했다. 그러다보니 개업의들이 무리하게 의료장비를 사들였다. 돈이 좀 부족했지만 의사들의 신용을 믿고 금융기관에서 제법 큰 금액을 대출해주었다. 의사들은 매월 갚아야 하는 원리금 부담 때문에 검사를 받지 않아도 될 사람에게 검사를 권했다. 이런 경향은 종합병원도 마찬가지였다.

대규모의 경제는 의료계에도 적용이 되었다. 환자들이 대형병원을 선호하자 병원들이 너도나도 대형화에 앞장섰다. 어느 대학병원도 기존의 건물을 헐고 꽤 높은 건물을 신축했다. 준공 검사에 앞서 대학의 총장이 병원시설을 점검하기 위해 순시했다. 그런데 병원 규모에 비해 응급실이 너무 작았다. 병원 관계자에게 물었더니 응급실은 의료수가가 낮아 병원 수익에 크게 기여하지 못한다고 했다.

고개를 갸우뚱하며 다음에는 장례식장에 갔는데, 그곳은 또 너무 규모가 컸다. 총장이 다시 물었더니 장례식장은 병원 수익에 크게 기여를 한다는 것이다. 총장은 병원을 신축한 목적이 환자를 치료하기 위함인가, 수익을 올리기 위함인가 물었다. 그랬더니 병원 관계자는 현행 의료수가가 잘못된 탓이라고 답했다. 아울러 서울 시내 대학병원이 보유한 첨단 의료장비의 수가 영국 전체의 수보다 많다고 했다.

대학병원 역시 의료장비의 감가상각이 커서 무리한 검사를 시행하지 않을 수 없다. 본전을 찾기 위해선 가급적 많은 환자들이 검사를 받아야 한다. 과거처럼 환자의 말에는 별로 귀를 기울이지 않는다. 의료사고가 늘어나다보니 책임을 회피하기 위해 검사 자료를 꼼꼼히 챙겨놓는다.

또 의과대학 학생들의 수련을 위해서도 어느 정도의 수술환자가 필요하다. 그래서 의사들이라면 하지 않아도 될 수술을 일반인들에게는 시행한다. 미국의 어느 의사는 자신이 대학병원에 근무하면서도 지인들에게는 대학병원에 가지 말라고 권했다.

얼마 전 우리나라에서도 메르스 사태를 경험했지만, 병원 내 감염의 발생률이 가장 높은 곳이 종합병원이다. 규모가 크다보니 임상 검사나 약제 제조의 실수도 많다. 환자를 부당하게 취급하는 일이 빈번하고 환자가 받는 정신적 손실은 더할 나위 없다.

의사들 역시 나쁜 환경에서 근무하다보니 일반인들에 비해 건강이 좋지 못하다. 그럼에도 불구하고 의사들은 정기 건강검진을 잘 받지 않는다. 환자들에게는 정기 건강검진의 중요성을 강조하면서도 정작 자신들은 받지 않는 것을 어떻게 해석해야 할까?

요즘에는 수백만 원짜리 건강검진도 있다. 첨단 의료장비를 이용하여 여러 가지 검사를 병행한다. 아이러니하게도 이런 검사가 오히려 환자에게 좋지 않은 영향을 주기도 한다. CT 검사를 남용하다보면 일상 속에서 몇 년간 방사선에 노출되는 것과 흡사한 피폭을 당하기 쉽다. 혹을 떼려다가 혹을 붙이고 올 수 있는 것이다. 그리고 정밀 검사를 하면 할수록 미세한 것이 발견되는데, 이것이 좋을 수도 있지만 나쁠 수도 있다. 하지 않아도 될 검사를 계속해야 하기 때문이다.

물론 의사들도 생활인이라 무조건 희생을 강요할 수는 없다. 어쩌면 의사의 잘못이라기보다는 의료 시스템의 문제다. 의사들도 차분히 환자들을 돌보고 싶지만, 현행 의료제도로는 그럴 수가 없는 실정이다. 어느 의사는 의사가 된 것을 후회했다. 자신은 환자들에게 존경받는 의료인이 되고 싶었는데, 지금은 환자들에게 돈만 밝히는 사람으로 인식이 되었다는 것이다. 안타까운 현실이다.

여러 편의 저서로 우리나라에 잘 알려진 예일대 교수 셔윈 B. 누랜드는 자신이 중병에 걸렸을 때 전문의를 찾게 되겠지만 그 전문의가 진심으로 자신을 이해하리라곤 기대하지 않았다. 그는 자신의 마지막 순간을 자기 방식대로 결정하거나 자신을 가장 잘 아는 사람과 의논해 결정하겠다고 했다. 병세가 심해

의식이 없으면 모를까, 자신을 모르고 이해하지도 못하는 전문의에게 자신의 마지막을 맡기지 않겠다는 이야기다.

그의 이야기를 들어보면 우리 사회에도 주치의 제도가 도입되어야 할 것 같다. 자신에 대한 의학적 충고는 자신을 잘 알고 있는 의사로부터 나오는 것이지, 낯선 전문의들로부터 나오는 게 아니기 때문이다. 그리고 환자들도 의사에게만 의존하지 말고 어느 정도의 의학상식은 갖고 있어야 한다. 질병마다 치료법이 다양한데, 문제는 그 방법마다 다 부작용이 있다는 것이다. 그래서 의사도 치료법을 두고 망설이기도 한다. 이럴 때는 환자가 의사와 함께 치료법에 대해 의견을 나눌 수 있어야한다.

다른 것은 다 잘 알아보고 결정하면서 무엇보다 중요한 의료는 왜 의사에게 맡겨둘까? 하나밖에 없는 생명이다. 이제는 남에게 일임하기보다는 자신이 의사결정에 적극 개입할 수 있어야겠다.

'돈을 잃으면 조금 잃는 것이요, 신용을 잃으면 반을 잃는 것이며, 건강을 잃으면 모든 걸 잃는다'는 격언이 있다. 무엇보다 소중한 것이 자신의 몸이다. 이렇게 중요한 몸을 우리는 그동안 너무 소홀히 대했다. 나중에 병들었을 때 쓰려고 평소 무리하게 돈을 벌다가 오히려 병이 나서 모아놓은 돈을 다 써버린다면, 그처럼 어리석은 일이 어디 있겠는가.

늦었지만 지금이라도 자신의 건강을 위하여 의료 지식을 쌓아야겠다. 건강을 잘 다스리는 것도 재테크 못지않게 중요한 일이다.

6

평균수명보다
건강수명을
늘려라

◆　　　◆

◆

　　'천재는 요절한다'는 말을 증명이라도 하듯이, 모차르트는 35세의 젊은 나이에 세상을 떠났다. 모차르트의 음악을 좋아하는 나로서는 '그가 좀 더 살았더라면 훨씬 더 많은 곡을 남겼을 텐데' 하는 아쉬움이 있다. 그렇다면 모차르트는 정말 요절한 것일까? 요즘 잣대로 보면 그러하나, 당시 잣대로 보면 그렇지도 않다. 모차르트가 살던 시대의 평균수명은 34세였으니, 모차르트는 오히려 평균수명보다 1년을 더 살다간 셈이다. 33세에 운명한 예수 역시 당시 사람들의 평균수명이 채 30세가 안 되는 점을 고려하면 '33세'라는 나이가 다르게 느껴진다. 그러니까 지금의 시각으로 보면 예수는 청년이지만 당시 관점으로 보면 어르신인 셈이다. 이렇게 인간의 수명은 오랫동안 30대에 머물러 있었다. 그러다가 20세기에 접어들면서 40대의 고개를 넘어섰고 그 이후부터는 급격히 늘어났다.

사람들의 평균수명이 급격히 늘어난 이유는 무엇일까? 의학이 발달한 것도 있지만 학자들은 상하수도의 정비를 첫째 요인으로 꼽는다. 아프리카 사람들의 평균수명이 상대적으로 짧은 것도 이러한 이유다. 상하수도의 정비로 오랫동안 인류를 괴롭혔던 전염병들이 요즘은 거의 사라진 것도 있다. 이질이나 장티푸스 같은 병이 그것이다.

1950년대만 하더라도 우리나라 사람들의 평균수명이 50세에 불과했다. 그러던 것이 1970년에는 60세로 늘어났다. 요즘엔 80세를 넘어섰고, 앞으론 90세에 달할 거라고 한다. 건강관리를 잘한다면 100세까지도 넘볼 수 있다. 실제로 100세를 넘게 사는 사람들이 해가 갈수록 늘어나는 추세다. 아마 인간의 수명은 앞으로 더 늘어날 것이다. 그러나 아무리 관리를 잘하더라도 수명에는 한계가 있다. 학자들은 그 나이를 125세로 본다. 오래 사는 게 꼭 좋은 것만은 아니겠지만, 그래도 정해진 수를 다했으면 하는 게 보통 사람들의 꿈이다. 그렇다면 어떻게 해야 오래 살 수 있을까? 그것도 건강하게 말이다.

보건사회연구원의 통계에 따르면, 우리나라 사람들의 평균 수명은 현재 80세다. 그러나 혼자 일상생활을 영위할 수 있는 나이, 즉 건강수명은 70세에 불과하다. 그러니까 한 10년을 골골하며 살아야 한다는 말이다. 평균수명이 늘어났다고 마냥 좋아할 만한 일은 아니다. 어찌 보면 고통 속에 살아야 하는 시간이 그만큼 늘어난 것이기 때문이다. 이제는 단순히 평균수명을 늘리기보다 건강수명을 늘리는 노력을 기울여야 할 때다.

어떻게 하면 건강수명을 늘릴 수 있을까? 미국 워싱턴대학 건강측정평가연구소의 크리스토퍼 머레이 교수팀이 세계 주요 국가 국민의 건강수명을 깎아먹는 위험요소들에 대해 조사를 한 적이 있다. 조사보고에 따르면 우리나라 사람들의 수명을 단축시키는 요소는 다음과 같다.

❶ 식습관 13.4개월

❷ 음주 11.1개월

❸ 흡연 9.4개월

❹ 고혈압 7.1개월

❺ 고혈당 6.5개월

❻ 비만 5.5개월

❼ 운동 부족 5.3개월

❽ 대기오염 4.4개월

❾ 스트레스 2.6개월

한국인의 건강을 위협하는 요소 1, 2, 3위는 모두 식생활과 관련된 사항이다. 즉 식습관만 바꾸어도 건강수명을 늘릴 수 있다는 얘기다. 한편, 나이 들면 3분의 1이 걸린다는 암은 어떨까? 암도 식습관의 영향을 많이 받는다. 대한암협회가 발표한 자료를 보면, 암의 원인은 음식이 35퍼센트로 가장 높다고 한다. 이어 흡연 30퍼센트, 술이 5퍼센트를 차지했다. 식생활만 개선해도 암의 70~80퍼센트를 예방할 수 있다는 얘기다.

우리나라 사람은 음식을 짜게 먹는 편이다. 세계보건기구가 권고한 하루 소금 섭취량은 5.0그램인데 한국인은 평균 12.0그램을 섭취한다. 권고 수치보다 2.4배나 높다. 2011년 서울대병원 신장내과에서 분석한 자료를 보면, 짜게 먹는 사람과 싱겁게 먹는 사람의 만성질환 유병률은 다음과 같았다.

당뇨병은 싱겁게 먹는 사람의 유병률이 8.7퍼센트인 데 반해 짜게 먹는 사람은 16.4퍼센트였다. 만성 신장병은 각각 7.3퍼센트, 13.4퍼센트였고, 고혈압은 각각 21.5퍼센트, 41.7퍼센트였으며, 비만은 17.4퍼센트, 44.4퍼센트였다. 짜게 먹는 사람이 싱겁게 먹는 사람에 비해 만성질환을 앓을 확률이 두 배나 높다. 문제는 나이가 들수록 미각이 감퇴하여 짠맛을 선호한다는 것이다.

폭탄주를 권하는 음주 문화도 문제다. 일본과 중국도 술이 건강수명을 줄이는 요소로 작용했지만 그 순위는 여섯째였다. 술 때문에 건강수명이 단축되는 기간은 일본이 4개월, 중국이 4.3개월이었다. 미국도 술이 건강수명을 단축시키는 요인이었는데, 그 기간은 5.7개월이었다. 이에 비해 우리나라는 음주로 건강수명이 단축되는 기간이 11.1개월이나 되었다. 주요 국가들과 비교해도 2배 이상 길다.

의사들은 50대에 몸을 잘 관리하면 노후에도 건강하게 지낼 수 있다고 한다. 은퇴 준비를 한다면서 보통은 재무설계에만 치중하는데 건강관리를 잘하는 것도 일종의 재테크다. 어느 기관의 조사를 보니, 사람들은 자신의 생명을 1년 연장할 수 있다면 3천만 원을 쓸 생각이 있다고 한다. 부자라면 그 액수가 더 커질지도 모른다.

젊었을 때는 돈을 버느라 무리해서 건강을 해치고 애써 모아놓은 돈을 당겨쓰는 우를 범해서는 안 되겠다. 건강은 건강할 때 지켜야 한다. 일단 병에 걸리면 치료에는 한계가 있기 때문이다. 평소 건강관리에 유념해서 미리 병을 예방하도록 힘쓰자. 건강관리를 잘하는 것도 은퇴 준비의 하나다.

【 올바른 식습관을 위한 체크 포인트 】

- 신현종(의학박사, 제네신의학연구소 소장)

1. 균형 유지 모든 음식을 고루 섭취한다. 서양에서는 음식을 영양소 위주로 분석하지만, 동양에서는 오랜 시간 음식의 성질을 몸으로 느끼고 관찰해왔다. 각 음식의 특성과 작용에 따라 음식의 종류와 먹는 양을 조절하여 균형을 맞추는 것이다.

2. 순응성 찾기 사람마다 몸에 편한 음식과 부담스러운 음식이 있다. 조부모와 부모, 형제가 건강하면 집안의 식사 유형을 따르는 것이 안전하다. 특정한 음식을 먹고 속이 더부룩하거나 가스가 찬다면 내 몸에 맞지 않는 것이다. 어린 시절부터 우유를 먹고 수시로 배탈이 났다면 몸 안에 유당분해효소가 만들어지지 않은 것이다. 사람이 특정 음식과 동화하기까지는 오랜 시간이 필요하다는 점을 고려해야 한다. 내게 맞는 음식이 따로 있다.

3. 규칙성 유지 하루 세 끼, 일정한 시간에 식사한다. 우리 몸은 규칙성을 유지하면 소화효소, 호르몬 등 각종 생체활성물질이 일정한 시간에 분비되고 몸 전체가 최상의 기능을 유지할 수 있다. 이에 따라 배설도 자연스럽게 이루어진다.

4. 배고픈 듯 먹기 우리 몸은 기아 상태에 더 잘 적응하게 되어 있다. 필요 이상의 음식섭취는 과다한 활성산소를 발생시켜 많은 질병의 원인이 된다. 또한 소화기관에 부담을 주어 체내 면역 기능을 저하시킨다. 건강 체중을 유지하도록 항상 식사량에 유의한다.

5. 특이성 고려 암 종류에 따라 식사할 때 유의점이 있다. 유방암, 전립선암, 췌장암인 경우에는 동물성 지방이나 지나친 카페인 섭취를 자제해야 한다. 간암이나 조혈모세포 이식환자인 경우에는 생선회를 피하고 채소는 익혀 먹어야 한다. 구체적인 식사 지침은 국가암정보센터(www.cancer.go.kr)의 '암환자 식생활' 편을 참고한다.

6. 천연재료 재래시장에서 장보기를 함으로써 가공식품을 멀리 할 수 있다. 이미 알려진 정크 푸드의 섭취를 삼간다. 인공감미료, 정제 설탕, 정제 밀가루 등이 첨가되었는지 확인한다. 보양식이 몸에 좋다는 근거는 없다. 오색의 과채류는 많이 먹을수록 좋다.

7. 천천히 먹기 식사 한 끼에 최소한 30분 이상 먹는다. 과일, 채소, 단백질, 탄수화물 순서로 먹는다. 식사는 반드시 식탁에서 하도록 한다. 물은 매일 꾸준히 마시되, 여러 종류의 천연재료를 차로 끓여서 마시면 자연스럽게 충분한 양이 된다.

8. 긍정적 식사 즐겁게 먹기. 어떤 음식에 부정적인 생각이 들면 먹지 않는 것이 좋다.

9. 함께 먹기 식사는 되도록 여러 명이 함께하도록 한다.

10. 먹고 움직이기 아무리 좋은 식사도 몸을 움직이지 않으면 소화기관의 기능이 떨어진다. 적당한 산책이나 정기적인 운동이 병행되어야 한다.

7

자동차 대신
노후에
투자하라

◆　　◆

◆

　　　　어머니가 살아계실 때는 정기적으로 찾아뵙고 인사를 드렸다. 혼자 갈 때도 있었지만 대부분 가족과 함께 갔는데, 아이들이 어리다보니 주로 택시를 이용했다. 당시에는 택시 합승이 허락되어 운전기사들은 가급적 혼자 있는 손님을 선호했다. 빈차라도 행여 손님의 숫자가 많으면 태우지 않고 그냥 내빼기도 했다.

　　아파트 단지 안에서 택시를 기다리다가 우리 가족을 보고 그냥 달아나는 택시를 보면 맥이 탁 풀렸다. 또 손님이 혼자인 줄 알고 섰는데 가족이 있으면 기사의 표정이 험악해졌다. 그러면 차를 타고 가면서도 내내 마음이 편치 않았다. 내릴 땐 미안해서 팁을 더 주었다. 물론 기사들이 다 그런 건 아니었다. 짐까지 들어주고 아이들이 다칠까 봐 애써 돌봐주는 기사도 있었다.

이런 일이 반복되다보니 어느 날 중고차라도 한 대 사야겠다는 생각이 들었다. 주말에 장안평에 있는 중고차 시장을 찾아갔다. 딜러의 설명을 듣다가 비교적 깨끗해 보이는 포니 중고차를 골랐다. 난생처음 내 차를 산 것이다.

당시만 해도 차를 가진 사람이 별로 없어서 주차장도 붐비지 않았고, 도로 교통량도 많지 않았다. 내 차를 타고 어머니 댁에 갈 때는 마치 온 세상을 얻은 듯 기분이 좋았다. 돌아올 때면 공원에 차를 세워두고 아이들이 노는 모습을 지켜보기도 했다.

우리나라 경제가 고도성장을 하며 먹고살기가 나아지자 차를 구매하는 사람이 하나둘 늘어갔다. 몇 년 후에는 거의 한 가정에 한 대씩 차를 보유하게 되었다. 옛날에는 내 집 마련을 먼저 하고 그다음에 차를 샀는데, 최근에는 집이 없어도 차는 한 대씩 소유하고 있는 것 같다.

요즘엔 아이들이 다 커서 출가한 까닭에 함께 차를 타고 이동할 일이 거의 없다. 나 역시 퇴직한 뒤라 혼자 시내에 나갈 일도 드물다. 모임이 있어 나갈 때는 매번 차를 갖고 갈까, 대중교통을 이용할까 망설여진다. 차를 갖고 가면 편하긴 하지만 교통량이 많을 땐 오히려 힘들다. 게다가 주차하기는 또 얼마나 어려운가. 술이라도 한잔하면 차는 짐이 된다. 반면 대중교통을 이용하면 그런 부담이 없어 좋다. 책을 보기도 하고, 운이 좋으면 좌석에 앉아 잠시 눈을 붙이기도 한다. 불편함이 거의 없다. 그러다보니 차를 이용하는 일이 점점 줄어들고 있다.

차는 분명 있으면 편리하다. 문제는 유지비인데, 생각보다 많이 든다. 따라서 차를 소유할 때는 효용가치와 비용을 잘 따져보고 정해야 한다.

차량 유지에 필요한 비용은 크게 고정비와 변동비, 두 가지로 나뉜다. 고정비는 차량의 운행과 상관없이 고정적으로 지출되는 비용으로 차량구입비와 자동차세, 보험료 등이 해당된다. 변동비는 운행거리 및 시간에 따라 달라지는 비용으로 연료비, 주차료, 통행료 등이 이에 속한다.

2015년 서울시 통계를 보면, 평균적으로 지출되는 고정비는 월 24만 8천 원이고 변동비는 월 53만 2천 원이다. 총 78만 원이 월간 비용으로 지출된다. 항목별로 살펴보면 차량구입비가 13만 8천 원으로, 전체 고정비의 50퍼센트 이상을 차지한다. 이외 보험료가 6만 8천 원, 각종 세금이 4만 2천 원이다. 연간으로 계산하면 차량을 운행하든 안 하든 고정적으로 약 300만 원이 지출된다.[3]

변동비의 대표적인 것은 연료비인데, 월평균 27만 5천 원이 지출되었다. 이는 전체 변동비의 52퍼센트를 차지한다. 만일 유가가 상승한다면 연료비의 지출은 그만큼 늘어난다. 수리비 등 유지비는 월 12만 원으로, 차량의 연식이 증가하면 이것도 증가할 가능성이 높은 항목이다. 1년간 차량을 운행하는 비용을 산출하면 고정비는 약 298만 원, 변동비는 638만 원으로 총 936만 원이다. 내 차를 가짐으로써 연간 1천만 원 가까운 돈이 기본적으로 지출되는 것이다.

만일 차량을 구입하지 않고 대중교통비로 월 25만 원씩, 연간 300만 원을 지출한다고 가정하면, 나머지 700여만 원은 미래를 위해 투자할 수 있다. 이 금액을 연 2퍼센트 수익으로 운용한다면 어떻게 될까? 10년이면 8,677만 원, 20년이면 1억 9,253만 원, 30년이면 3억 2,146만 원으로 불어난다. 만일 30세에 취업하여 노후 준비를 했다면 60세에 약 3억 2천만 원 이상을 준비할 수 있다.[4]

노후 준비에 상당한 부담을 주는 자동차를 구입하는 것보다 그 돈으로 미래를 위해 투자하는 것은 어떨까? 자동차 회사의

3 〈THE 100〉, Vol 32, NH투자증권 100세시대연구소
4 〈THE 100〉, Vol 30, NH투자증권 100세시대연구소

주식에 투자하는 것이다. 그러면 오너드라이버가 아닌 자동차 회사의 오너가 될 수 있다. 메리츠자산운용의 존 리 사장은 고액 연봉자지만 자기 차는 없다. 대중교통이 잘 발달된 서울에서는 굳이 자동차를 소유할 필요가 없다고 한다. 그는 그 돈으로 주식에 투자할 것을 권한다. 실제로 전기차를 만드는 테슬라모터스는 지난 5년간 주가가 8배나 올랐다.

요즘 젊은 세대들은 자동차를 소유하기보다 빌려 타는 카셰어링Car Sharing에 관심이 많다. 자동차에 대한 인식이 소유에서 공유의 개념으로 변하고 있는 것이다. 카셰어링을 직접 체험한 이용자들은 가장 큰 장점으로 경제성과 간편함을 꼽는다. 카셰어링은 렌터카와 달리 10분 단위로 대여가 가능해 저렴한 가격으로 이용할 수 있다. 회원 가입만 해두면 렌터카와는 달리 계약서 작성 등 번거로운 절차를 거치지 않아도 된다. 도심 곳곳에 자리한 무인 차고지를 통해 편리하게 차량을 이용할 수 있다는 것도 강점이다.

경기연구원에 따르면 국내 카셰어링 서비스를 주로 이용하는 사람들은 20~30대, 남성, 직장인, 차량 미소유자였다. 연령별로는 20대39.0%와 30대37.8%의 이용 비율이 높았다. 또 성별로는 남성83.9%, 직업별로는 직장인64.4%이 카셰어링을 많이 이용했다. 전체 이용자의 78퍼센트는 자기 차를 소유하지 않았다.

그럼에도 불구하고 자동차를 꼭 소유해야 한다면 어떻게 하는 게 좋을까? 첫째, 지금 타는 자동차를 가급적 오래 타는 것이다. 자동차를 사고파는 과정에서 여러 가지 비용이 발생한다. 요즘 생산하는 자동차는 예전과 달리 고장이 나지 않아 잘만 관리하면 오래 탈 수 있다. '아름다운인생학교' 학생 중에 공무원으로 일하다가 퇴직한 회원이 있는데, 그의 자동차 운행 연수는 16년이고 주행거리는 26만 킬로미터나 된다. 언젠가 한번 동승을 했는데 관리를 잘해서인지 아직도 새 차 같았다.

둘째, 배기량이 적은 경차나 소형차를 선택하는 것이다. 경차는 다른 급의 자동차에 비해 가격도 저렴하고, 세금도 싸며, 유지비도 적게 든다. 여러 명이 타는 경우가 많지 않다면 자동차 크기를 줄이는 것도 좋은 방법이다.

셋째, 중고차를 사는 것이다. 자동차는 구입하는 순간부터 가치가 하락하는 자산이다. 새 차를 사면 기분은 좋지만 경제적인 면에서 보면 바람직한 선택은 아니다. 통상적으로 출고 후 3년이 지나면 차량감가가 30퍼센트를 웃돌기 때문에 새 차 구입가의 절반으로도 자동차를 살 수 있다. 중고차의 구매 시기는 연말이 좋다. 연식 변경을 앞둔 데다 신차 프로모션 등의 영향으로 중고차 매물이 많아지고 가격이 더 떨어지기 때문이다.

꼭 경제적인 면이 아니더라도 자동차 소유는 생각해볼 거리가 많다. 먼저 건강을 위해서다. 나이가 들면 관절이 약해져서 고관절질환에 걸리기 쉬운데, 걷기를 습관화하면 질병을 예방하고 건강을 지킬 수 있다. 젊었을 때부터 자동차를 타기보다 자주 걸어 다니면 그만큼 건강해질 수 있다.

자동차가 문명의 이기임에는 분명하나, 반드시 소유할 대상은 아니다. 이젠 세대별로 지혜롭게 자동차를 구입·활용하는 자세가 필요하다.

8

재산 상속,
어떻게
할 것인가

◆   ◆

◆

옛날 어느 왕에게 세 딸이 있었다. 왕은 나이에 비해 아직 정정했으나, 권력과 재산을 딸에게 모두 넘기고 남은 생을 조용히 보내려 했다. 이런 왕의 뜻을 알아차린 딸들은 온갖 말로 아버지를 속여 모든 권력과 재산을 넘겨받았다.

이후 딸들은 돌변했고, 나이 든 아버지를 나 몰라라 내쳤다. 결국 딸들에게 버림받은 왕은 폭풍이 몰아치는 들판을 헤매게 된다. 왕은 권력과 재산을 미리 넘긴 걸 후회했지만 이미 돌이킬 수 없는 일이었다. 한편, 재산을 증여받은 딸들도 서로 질투하다가 모두 죽고 만다. 셰익스피어가 문학사에 남긴 가장 위대한 작품이라는《리어 왕》의 줄거리다.

지인 중에 재산이 꽤 많은 아버지를 둔 사람이 있다. 그의 아버지는 리어 왕의 이야기를 알았는지 죽을 때까지 자식들에게 재산을 증여하지 않았다. 아버지의 사후 지인은 대부분의 재산을 물려받았는데, 상속세만 수십억 원이 되었다. 지인은 '아버지가 미리 증여해줬으면 이렇게 세금이 많이 나오지 않았을 텐데' 하며 아쉬워했다. 아버지가 소유한 부동산이 세월이 흐르며 가격이 올라 세금 역시 많이 부과되었던 것이다.

부자에게는 가난한 사람이 갖고 있지 않은 고민이 하나 있다. 바로 '자신이 일군 부를 어떻게 하면 자식에게 그대로 상속할 수 있나' 하는 것이다. 우리나라는 상속에 관한 세율이 높은 나라다. 그러나 재산이 지나치게 많은 사람이 아니라면 그리 걱정할 필요는 없다. 몇 년 전 상속세 세액공제가 대폭 늘어나 제도를 잘 이용하면 충분히 절세할 수 있다.

상속재산이 10억 원 미만이라면 별도의 상속세 대책이 필요 없다. 일괄공제5억 원와 배우자상속공제5억 원를 적용하면 상속세 부담이 없기 때문이다. 여기에 금융재산상속공제, 가업상속공제 등 다양한 공제제도를 활용하면 세금을 더 줄일 수 있다.

상속재산이 10억 원이 넘는다면 별도의 대책이 필요하다. 아버지가 돌아가신 경우 어머니와 자녀가 상속재산을 어떻게 나누느냐에 따라 세액공제 규모가 달라진다. 당연히 전체 납부 세액도 크게 차이가 난다. 가장 효과적인 절세 방법을 찾기 위해선 가족 모두 상속세의 계산구조를 이해할 필요가 있다.

상속세는 피상속인인 아버지의 재산 총액에 대해 세금을 부과하는 구조다. 세액을 계산하기 전에 아버지의 재산 총액에서 피상속인이 납부할 의무가 있는 조세 및 채무를 우선 공제한다. 피상속인 사망일부터 장례일까지 소요된, 직접적인 장례비용도 공제한다.

다음으로 '상속공제'가 있다. 거주자 사망으로 상속이 개시되는 경우 기초공제, 그 밖의 인적 공제 합계액과 5억 원 중 큰 금액을 공제할 수 있다. 일반적으로 일괄공제로 5억 원을 적용하는 것이 유리하다. 그다음으로 피상속인 배우자에게 상속할 때는 실제 상속받은 금액을 공제하는 '배우자상속공제'가 있다. 배우자상속공제는 배우자가 실제 상속을 받지 않더라도 최소 5억 원을 공제한다. 만일 배우자가 실제 5억 원을 초과해 상속받으면 30억 원과 배우자의 법정상속 지분 중 적은 금액을 한도로 공제한다.

그리고 '금융재산공제'가 있다. 은행예금 등의 금융재산에서 금융 채무를 차감한 순금융재산가액의 20퍼센트를 공제하는 것이다. 금융자산이 5억 원이라면 그 20퍼센트인 1억 원을 공제할 수 있다. '동거주택상속공제'도 있다. 아버지의 주택이 한 채만 있고, 10년 이상 아버지와 자녀가 한 집에서 살고, 상속 시점에 자녀가 무주택자면 상속주택가액의 80퍼센트에 상당하는 금액을 5억 원 한도로 공제한다.

피상속인의 재산 총액에 대해서 채무, 공과금, 장례비용, 상속공제금액을 차감해 계산된 금액에 5단계 초과 누진세율을 적용한다. 1억 원 이하는 세율 10퍼센트를 적용하고, 1억 원 초과~5억 원 이하는 20퍼센트의 세율을 적용한다. 5억 원 초과~10억 원 이하는 30퍼센트의 세율을 적용하고, 10억 원 초과~30억 원 이하는 40퍼센트의 세율을 적용한다. 30억 원 초과는 50퍼센트의 세율을 적용한다. 즉 재산이 많을수록 세금이 증가하는 구조다. 상속인이 자신신고할 경우 납부할 상속세의 10퍼센트를 공제해준다.

이해를 돕기 위해 아버지에게 금융자산 4억 원과 부동산 11억 원 등 모두 15억 원이 있다고 가정하자. 상속인은 어머니와 아들, 단 둘뿐이다. 어머니가 단독으로 상속하는 방법, 아들이 단독으로 상속하는 방법, 그리고 어머니와 아들이 공동상속어머니 8억 원, 아들 7억 원하는 방법 등 세 가지 방식을 비교해보자.

모두 5억 원씩 일괄공제를 적용한다. 아들 단독상속이면 피상속인의 배우자가 상속받은 재산이 없기 때문에 배우자상속공제는 5억 원을 적용했다. 배우자 단독상속은 전 재산을 배우자가 상속받더라도 배우자의 법정상속 지분자녀:배우자 = 1:1.5인 9억 원까지만 공제하므로 9억 원을 적용했다. 공동상속인 경우에는 피상속인의 배우자가 8억 원을 실제 상속받는 것으로 적용했다. 계산 편의상 공과금, 채무, 장례비 등은 없는 것으로 가정한다. 상속세를 비교하면 다음과 같다.

상속방식별 총 납부세액

구분		자녀 단독상속	배우자 단독상속	공동상속
상속공제	일괄공제	5억 원		
	배우자상속공제	5억 원	9억 원	8억 원
	금융재산상속공제	8천만 원	8천만 원	8천만 원
과세표준		4억 2천만 원	2천만 원	1억 2천만 원
산출세액		7,400만 원	200만 원	1,400만 원
신고세액공제		740만 원	20만 원	140만 원
납부세액		6,600만 원	180만 원	1,260만 원

※ 총 상속재산가액은 15억 원. 공동상속은 배우자 8억 원. 자녀 7억 원 기준

* 자료 출처: 매일경제

자녀가 단독으로 상속할 경우가 내야 할 세금이 가장 많다. 반면 어머니가 단독으로 상속하면 납부세액이 가장 적다. 그러나 향후 어머니가 사망할 때 상속세 부담이 있기 때문에 어머니와 자녀가 적절하게 재산을 배분하는 것이 상속세를 줄이는 가장 좋은 방법이다.

어머니가 단독으로 상속하면 납부세액이 가장 적다.

그러나 향후 어머니가 사망할 때 상속세 부담이 있기 때문에 어머니와 자녀가

적절하게 재산을 배분하는 것이 상속세를 줄이는 가장 좋은 방법이다.

상속 때문에 가족 간 분쟁이 발생하는 경우가 더러 발생한다. 이런 상속 분쟁을 해결하기 위해 아예 사전증여를 생각하는 사람도 있다. 증여의 가장 큰 단점은 미리 배분해줄 경우, 되돌리기가 어렵다는 것이다. 자식이 효도를 다하지 않는다고 증여한 주택을 돌려받기 위해 아버지가 아들을 상대로 소송을 벌이는 경우도 있다.

그렇다고 아무런 대책을 마련하지 않고 사후 법정상속이 되도록 내버려두면 상속 분쟁이 발생할 가능성이 높다. 뿐만 아니라 본인이 치매에 걸리면 재산관리 능력이 없어지므로, 이를 대비하여 관리를 대신해줄 사람을 미리 지정할 필요가 있다. 자녀들이 그 역할을 잘해주면 그만큼 아름다운 일도 없을 것이다. 그러나 실상은 그렇지 못하기 때문에 대책을 마련할 필요가 있다.

특히 치매에 걸린 상황에서 주변인들이 재산을 편취하는 사례가 적지 않은 실정이다. 또 가족 구성원 중 일부에게 장애가 있을 경우엔 생각이 많아진다. 이러한 모든 문제를 종합적으로 해결할 수 있는 방안이 바로 '유언대용신탁'이다.

유언대용신탁의 기원은 중세 십자군전쟁으로 거슬러 올라간다. 당시 유럽은 미성년자나 여자가 재산을 상속받을 수 없는 사회였다. 이 때문에 성주가 전쟁 중 사망하면 재산이 국가로 귀속되는 경우가 많았다. 이를 방지하기 위해 상당수 성주는 믿을 만한 지인에게 재산을 맡겨 관리하게 했다. 당시 성주들을 중심으로 시작된 신탁은 이제 유럽에서는 보편적인 상속 방법으로 자리 잡았으며, 일본도 지난 2006년부터 상속신탁 제도를 도입해 상속 시 활용하고 있다. 우리나라는 2011년에 이 제도를 도입했으며, 점차 유언대용신탁을 활용하는 사람들이 늘고 있다.

유언대용신탁이란 자신의 재산을 금융회사에 재산관리 및 유산상속승계 처리를 목적으로 맡기는 것으로, 처음에는 본인이 재산을 관리하고 사후에는 미리 지정한 사람에게 신탁재산의 수익권을 승계시키는 것을 말한다. 즉 다양한 금융서비스를 제공하면서 본인과 가족을 위한 든든한 후견인 역할을 할 수 있다. 유언대용신탁은 신탁 허가를 받은 증권사나 은행 등에서 가입할 수 있는데, 종합적인 자산관리 경험이 충분한 금융회사를 선택하는 것이 바람직하다.

유언대용신탁의 장점은 위탁자가 생전에 재산에 대한 실질적인 소유권을 계속 보유하면서 상속을 설계할 수 있다는 점이다. 즉 수익자를 맏아들로 지정했더라도 아들의 태도가 좋지 않을 경우 언제든지 작은아들로 변경할 수 있다. 실질적으로 증여의 효과를 누리면서, 증여 재산을 쉽게 돌려받을 수 없다는 증여의 단점을 충분히 극복할 수 있는 것이다.

또한 특약을 통해 다양한 위험 상황에서 재산을 안전하게 보호할 수도 있다. 치매 위험에 대비해 특별부양 재산관리 서비스를 제공받을 수 있도록 특약을 체결한다면 재산을 보다 안전하게 지킬 수 있다. 본인을 위해 진심으로 재산관리를 해줄 지인을 임의후견인으로 지정하여 더욱 실효성 있는 법적 장치를 만들 수도 있다. 임의후견인이 신탁재산을 임의로 처분할 수 없도록 하는 신탁회사의 통제 기능도 하나의 강점이다.

만일 상속인 중 장애인이 있다면 정기적인 생활비를 지급하는 특별부양 서비스를 이용하면 된다. 이 경우 신탁재산은 장애인을 위해 장기적으로 안전하게 관리되고, 장애인의 이익을 위해서만 사용된다. 이렇듯 유언대용신탁은 기존 법정상속제도로는 해결할 수 없는 맞춤형 금융서비스를 제공한다.

재산을 상속이나 증여로 자녀에게 이전한다고 해서 그 재산이 잘 보존되는 것은 아니다. '부자가 3대를 가지 못한다'는 옛말이 있듯이, 재산을 불리는 것 못지않게 중요한 것이 재산을 잘 관리하는 것이다. 그러나 많은 경우 자식에게 재산만 넘기는 사례가 많다.

자수성가로 재산을 일군 아버지는 돈 모으는 재미도 알고 관리하는 법도 알지만, 덜컥 큰 재산을 물려받은 자식은 돈 귀한 줄 모르고 흥청망청 써버리고 만다. 더구나 노동의 가치를 모르면 삶이 피폐해지기 쉽다. '물고기를 주기보다 물고기 잡는 법을 가르치라'는 유대인 속담은 상속에도 적용된다. 즉 재산을 그냥 주기보다 재산을 관리하는 법을 별도로 가르쳐야 한다. 그래야만 재산을 온전히 보전할 수 있다.

【 법적 효력을 갖는 유언의 다섯 가지 방법 】

1. 자필증서에 의한 유언

유언자가 직접 유언의 내용을 작성하는 방법. 유언의 전문과 연월일, 주소, 성명을 직접 작성해야 하고 날인까지 마무리해야 효력이 발생한다. 작성법이 편리하지만 필체의 진위 여부를 두고 다툼의 소지가 있다.

2. 녹음에 의한 유언

녹음기나 영상 기기를 이용해 유언자가 유언의 취지와 성명, 연월일을 육성으로 녹음하는 방법. 녹음에 참여한 증인이 유언자 본인의 유언임을 확인한다는 내용과 자신의 성명을 함께 녹음해야 효력이 발생한다.

3. 공정증서에 의한 유언

유언자가 증인 두 명과 공증인이 있는 자리에서 유언의 취지를 말하는 방법. 공증인이 이를 받아 적은 후 낭독하면 유언자와 증인은 그 내용이 정확한지 확인한다. 유언자와 증인이 서명 또는 기명날인해야 효력이 발생한다.

4. 자필증서에 의한 유언

유언자가 유언장을 봉인해 유언의 내용을 비밀로 지키는 방법. 유언자는 봉인된 유언장을 두 명 이상의 증인에게 제출하여 유언서가 자신의 것임을 표시한 후 봉서 표면에 날짜를 기재하고 유언자와 증인이 각각 서명 또는 날인하는 방식. 표면에 기재된 날짜로부터 5일 이내에 공증인 또는 법원 서기에게 제출하여 확정일자를 받아야 효력이 발생한다.

5. 구수증서에 의한 유언

유언자가 두 명 이상의 증인을 참석시켜 말로써 유언을 남기는 방법. 증인 중 한 명이 필기 낭독하여 유언자와 증인에게 내용을 확인받은 후 7일 이내에 법원에서 검인 신청을 해야 효력이 발생한다.

* 자료 출처: 중앙일보

9

퇴직할 수
없는
남자

◆   ◆

◆

    대학 동기 중에 사업하는 친구가 있다. 대학을 졸업하고 H그룹에서 외자_{외국이나 외국인이 투자한 자본} 업무를 담당하다가 일찍 퇴직한 후 자신의 사업을 시작한 친구다. 동기들은 '넌 퇴직 걱정 안 해서 좋겠다'고 부러움 섞인 농담을 던졌지만, 정작 본인의 입장은 달랐다. 직장생활은 언제든지 그만두고 싶을 때 사표를 낼 수 있지만, 직접 기업을 경영하는 사주는 퇴직하고 싶어도 그럴 수가 없다고 했다.

    사업이란 여건이 좋으면 계속하고, 그렇지 않으면 그만둘 수 있는 것이 아니다. 일시적으로 경기가 좋지 않더라도 회사는 계속 운영되어야 하고, 어떤 때는 적자를 감수하면서까지 사업을 유지해야 한다. 물론 반대의 경우도 있다.

회사 경영은 생각만큼 쉽지 않다. 대기업은 물론이고 중소기업도 그렇다. 회사의 규모가 크지 않아도 있을 수 있는 경우의 수는 다 발생한다. 세무조사를 받기도 하고 직원이 말썽을 피우기도 한다. 또 현장에서 사고가 나 직원이 다치는 경우도 있고, 소송에 휘말려 오랫동안 송사에 시달리기도 한다.

월급쟁이로만 살았던 한 친구는 자기 같으면 도저히 할 수 없다고 하면서 사업가 친구를 칭찬했다. 나도 그와 같은 생각이다. 하지만 그가 너무 고생하는 것 같아 이제 서서히 경영에서 손을 떼었으면 좋겠다고 조언한 적이 있다. 그도 나의 말에 공감했는지 얼마 지나지 않아서 회사의 임원을 사장으로 임명하고 자신은 회장으로 물러섰다. 물론 지금도 중요한 일은 자신이 꼭 관여한다.

언젠가 그는 사석에서 자신의 생각을 밝힌 적이 있다. 회사를 잘 키워서 직원들 스스로가 직접 운영을 했으면 좋겠다는 얘기였다. 사실 적지 않은 직원들과 그 식구들이 이 회사에 매달려 생활을 영위하고 있다. 경영자 입장에서는 돈을 버는 것도 필요하지만 이 사람들의 일자리를 유지시켜주는 것도 중요한 일이다. 그는 어려운 여건 속에서도 직원들 자녀의 장학금을 챙기고 여러 가지 복리후생에 대해서도 신경을 쓰고 있다.

처음에는 일에서 손 떼고 이제 그만 노후를 즐겼으면 했으나, 다시 생각해보니 그처럼 일을 지속하는 것도 괜찮다고 여겨진다. 많은 사람들과 함께 일하며 직원과 그들의 가족이 즐거워하는 모습을 보는 것도 경영자의 보람이리라. 또 기업을 경영하는 사람은 애국자이기도 하다. 우리나라 세수의 많은 부분을 그들이 부담하고 있다.

88세에 제2의 인생을 시작한 미국의 유명 금융인이 있다. 바로 모리스 행크 그린버그 전 AIG 회장이다. 그는 2005년 3월, AIG 최고경영자CEO와 회장직에서 물러났다. 당시 그는 영업실적을 조작하고 경쟁사 간 담합에 개입한 혐의로 검찰수사를 받고 있었다. 이 상황에서 그의 재기를 예상하는 이는 아무도 없었다. 하지만 5년 후 미국 법원은 그의 무죄를 판결했고, 그는 보험사 '스타인터내셔널'을 세우면서 재기에 성공했다. 그린버그는 '새 회사를 만드는 걸 좋아한다. 지금 나는 최선을 다하고 있다'고 말했다.

그린버그는 평범한 보험사였던 AIG를 세계 최고 보험사로 키워냈다. 그가 CEO에 취임했던 1965년부터 AIG를 떠난 2005년까지 40년 동안 AIG의 시가총액은 700배 정도 늘었다. 많은 보험중개인들과 고객들은 그린버그의 재기를 환영했다. 미국 보험사 에이온의 관리책임자 알 토빈은 '그린버그는 최고의 재능을 가진 금융인이다. 보험업계는 그를 따뜻하게 환영한다'고 말했다.

사실 요즘은 나이가 들어도 신체적으로 건강한 사람이 많다. 일하는 데 전혀 불편함이 없지만, 현실은 그들을 일에서 손을 떼게 만들고 있다. 나이 등을 이유로 등 떠밀려 현장을 떠나는 사람들, 오랜 경험을 통해 지득한 그들의 노하우가 그냥 사장되는 건 바람직하지 않은 일이다. 어느 대학교수는 정년퇴임을 앞두고 총장에게 다음과 같은 편지를 보냈다.

"총장님, 저는 정년퇴임식에 참석하지 못합니다. 퇴임 축하란 말이 어쩐지 듣기 거북하고, 무엇보다 동료와 후배들이 모인 자리에서 나이가 많다는 이유 하나로 물러나야 하는 제 뒷모습을 보이고 싶지 않습니다. 이참에 드리고 싶은 말씀은, 이제 대학 사회에서라도 정년에 대한 논의를 진지하게 해볼 때가 아닌가 하는 생각이 듭니다."

퇴직을 하고 싶어도 하지 못한 사례가 또 있다. 1975년 서울대 의과대학을 졸업하고 소록도를 거쳐 여수 애양병원장으로 근무했던 김인권 명예원장이 주인공이다. 그는 1983년 애양병원 정형외과 과장으로 부임한 후 1995년 원장이 되었고, 그 뒤 21년간 재직하다가 2016년 3월에 은퇴하였다. 그러나 요즘도 하루 10여 건의 수술을 집도하면서 환자를 보살피고 있다. 서울의대를 졸업한 잘나가는 의사가 왜 지방의 작은 병원으로 갔을까? 그는 자신이 아니더라도 얼마든지 사람을 구할 수 있는 곳보다 자신을 꼭 필요로 하는 곳에 가고 싶었다고 답했다.

또 다른 사례도 있다. 직장 선배의 친구 이야기인데, 그는 나이가 60세가 되자 운영하던 병원을 정리하고 제2의 인생을 시작했다. 병원 매각대금의 절반은 가족에게 주고, 나머지 절반은 지방의 한 사회복지시설 병원에 기부한 뒤 그곳에서 의술을 계속 펼쳐나가고 있다.

퇴직을 앞둔 베이비붐 세대6·25전쟁 이후인 1955년부터 1963년 사이에 출생한 세대 직장인들은 고민이 많다. 그동안 열심히 일했으니 이제는 여유시간을 즐기고 싶은 사람도 있을 것이다. 만일 지금 하는 일에서 만족을 느낀다면 앞서 소개한 사람들처럼 계속 일하는 것도 괜찮다. 일을 하며 성취감도 느낄 테고 국가경제 발전에도 도움이 될 수 있기 때문이다.

10

은퇴 후에도
일하고 싶은
이유

◆　　◆

◆

　　　　은퇴를 앞둔 분들은 이런저런 걱정이 많다. 왜 그렇지 않겠는가? 오랫동안 경제활동을 하다가 그만두고 전혀 가보지 않은 길을 가야 하니, 누구든 두려울 것이다. 돌이켜보면 나 역시 은퇴를 결심하기가 쉽지 않았다. 나름 준비한다고는 했으나, 미지의 세계에 발을 디딘다는 두려움이 발목을 잡곤 했었다.

　　이런 내게 용기를 준 책이 있다. 《조금 소박하게》라는 책이다. 책을 읽으면서 단순하면서도 소박한 삶을 선택한 사람들의 사례를 많이 접할 수 있었다. 책의 내용은 이렇게 시작된다.

린다 브린 피어스라는 전직 여류 변호사가 스무 살 때 아프리카 세네갈의 한 작은 마을로 봉사를 갔었다. 그곳은 수도, 전기, 텔레비전, 카메라 등 문명의 이기라고는 전혀 찾아볼 수 없는 시골이었다. 400여 명의 주민들은 몇 개의 오솔길을 따라 올망졸망 모여 있는 수수한 진흙 움막에서 살았다. 마을 통틀어 자동차는 한 대도 없었다. 더군다나 린다가 방문한 시점은 7년 동안의 가뭄이 시작된 해였다.

린다는 자신이 겪은 인생의 어떤 일도 그때의 일만큼 영향을 주지 못했다고 회상한다. 그녀가 세네갈에서 만났던 사람들은 대부분의 미국 사람들보다 유쾌하고 활발했으며, 정다운 사람들이었다. 그곳 사람들은 우물에서 물을 길어올 때나 들판에서 일을 할 때 마치 즐거운 놀이라도 하듯이 항상 웃으며 노래를 불렀다. 그녀는 그 마을에서는 배를 잡고 웃지 않고는 15분도 견딜 수 없었다고 회상한다. 화나는 일이 있으면 그 자리에서 풀었고, 곧 웃음이 뒤따랐다.

물론 세네갈 작은 마을의 생활이 좋았던 것만은 아니다. 마을 주민들은 영양실조와 피부병과 기타 질병으로 고생했다. 언젠가는 죽어가는 아기를 품에 안은 적도 있었다. 그 마을에는 항상 식량이 부족했고 언제 비가 내릴지 모르는 데서 오는 근심도 있었다. 그런 어려운 여건과 절망에도 불구하고 그 마을 주민들은 여느 사람보다 행복했으며, 더 친밀하고 보람된 공동체 생활을 영위했다.

그녀는 세네갈에서의 봉사활동을 마치고 미국으로 돌아와 대학을 졸업했다. 그리고 변호사 자격을 취득한 후 보통의 미국 중산층처럼 풍요로운 생활을 즐겼다. 하지만 그런 생활을 유지하기 위해선 항상 시간에 쫓기고 바빠야 했다. 10년 동안 변호사로 일하며 성공의 정점에 이르렀을 때 인생에서 정말 중요한 것이 무엇인지 생각하게 되었다. 결국 그녀는 변호사 일을 그만두고 단순한 삶을 살아가는 사람을 대상으로 연구를 시작했다. 책은 이런 사람들의 사례를 엮은 것이다.

얼마 전 우리나라에서도 이와 유사한 텔레비전 프로그램이 방영되었다. 좀 더 쉽고, 좀 더 빠르게 살기 위해 만들어진 생활의 기기들. 이를 테면 휴대전화, 텔레비전, 자동차가 없다면 과연 어떤 일이 벌어질까? 실험에 참여했던 주인공들은 자동차 없이 살면서 의외로 그동안 잊어버렸던 산책의 기쁨을 알게 되었다. 편리함을 버리자 사람이 보였던 것이다.

그녀도 그랬다. 린다가 물질적 안락함을 포기하자 그녀에게 내적인 평화가 찾아왔다. 단순하게 살아가는 사람들처럼 풍요로움보다는 자유를 선택한 것이다. 삶을 살면서 느끼지만 많은 걸 동시에 얻을 순 없다. 하나를 택하면 다른 또 하나를 포기해야만 한다. 편리함을 추구한다면 공해 속에 사는 것을 각오해야 하고, 쾌적한 환경을 원한다면 어느 정도의 불편함은 감수해야만 하는 이치와 같다.

린다는 단순한 삶을 살면서 자연과 지구상의 모든 생명체에 대해 일체감도 느꼈다. 당연히 지구자원을 보존하는 데 관심이 많아졌다. 지금도 수많은 쓰레기가 버려지고 있지만, 어찌 보면 그 쓰레기는 우리 후손들의 삶을 위태롭게 할지도 모른다. 더 나아가 티베트의 불교에서 말하는 윤회가 존재한다면, 우리가 내다버린 그 쓰레기가 다시 우리에게 돌아올 수도 있다.

작가 존 로빈스도 그런 생각을 했다. 그는 세계적인 아이스크림 기업 배스킨라빈스의 유일한 상속자였으나 이를 거부하고 환경운동가가 된 사람이다. 존은 축산업의 문제점에 대해선 침묵하면서 아이스크림을 통해 돈만 벌려는 아버지와 결별하고, 아내와 함께 캐나다 빅토리아의 외딴 지역으로 갔다. 그리고 10년 이상을 방 하나짜리 통나무집에서 칩거하며, 본인 생각을 책으로 펴냈다.

그곳에서의 생활비는 1천 달러 이하로 줄였다고 한다. 우리나라 돈으로 환산하면 100만 원 남짓한 돈이다. 그곳에서 태어난 아이도 자기가 직접 받았다. 이렇게 살다보니 당연히 아버지와의 관계는 멀어졌다. 심지어 아버지는 그가 미쳤다고 말했다. 그러나 자식을 이기는 아버지가 어디 있겠는가? 결국 세월이 지나면서 뒤늦게 아버지는 자식과 화해를 한다. 특히 임종을 앞둔 그의 어머니가 한 말이 인상 깊다.

"얘야. 네가 물질적으로 부자라고 할 수는 없으나 사랑이 아주 많다는 건 분명하구나!" 어머니는 긴 호흡을 하고 다시 말했다. "사실 결국엔 그게 더 중요하지."

스코트 니어링의 자서전도 인상 깊게 읽은 책이다. 스코트는 주지하다시피 미국 펜실베이니아 대학의 교수를 역임한 사회주의자다. 그러나 당시는 공산주의를 경계하던 때여서 스코트의 주장은 받아들여지지 않았고, 그의 입지는 점점 좁아졌다. 급기야 그는 대학에서 면직까지 되었다.

스코트는 한동안 강연을 통해 생활을 영위해나갔으나 시간이 갈수록 그나마도 줄어 어려움이 가중되었다. 그러다가 우연히 같은 사상을 가진 헬렌을 만나 생활의 전기를 마련했다. 스코트와 헬렌은 그들의 이상을 펴기 위해 버몬트 주로 이주한 후, 하루의 반나절은 일하고 나머지 반나절은 명상과 독서하는 생활을 시작했다.

하루에 반나절만 일한다는 대목이 나의 귀를 솔깃하게 했다. 실제로 적지 않은 사람이 반일제로 일하고 싶어 한다는 사실도 알았다. 소득이 좀 적더라도 그렇게 일할 수 있으면 참 좋겠다는 생각을 했다.

은퇴하기에 앞서 한번은 알고 지내던 한 중소기업 사장이 자신의 회사에 고문으로 와줄 수 없느냐는 제안을 해왔다. 나는 하루의 반나절만 일을 하든가, 아니면 일주일의 반만 출근했으면 좋겠다는 생각을 전했다. 전일제로 일해야 한다면 직장을 옮길 이유가 없었던 것이다. 그랬더니 그가 좀 난처한 빛을 보였다. 혹시 회사의 기존 임직원들에게 좋지 않은 선례를 남길까 염려하는 눈치였다. 결국 그 일은 없던 걸로 했다.

그 뒤 몇 년을 더 근무하다가 직장에 사표를 냈다. 직장을 그만두고 오랜만에 휴식을 취하며 아무것도 하지 않아도 되는 자유를 즐겼다. 때때로 여행도 하고 평소 하고 싶었던 취미생활도 즐겼다. 마음의 여유가 생기자 문득 전에 하던 일이 그리워졌다. 다시 일하고 싶었다. 곰곰이 생각해보니 내가 직장을 그만둔 건 일하기 싫어서가 아니라 목표를 달성하기 위해 끊임없이 스트레스를 받아야 하는 상황이 싫증나서였다.

마침 성남아트센터에서 자원봉사자를 모집한다는 공고가 났다. 전에 하던 일을 그곳에서 했으면 좋겠다는 생각에서 지원을 했다. 하지만 그런 일은 주어지지 않았다. 내가 원했던 것은 사회생활을 하며 익혔던 분야에서 그들을 도왔으면 하는 건데, 맡겨진 일들은 봉투를 붙인다거나 책을 정리하는 등의 너무나 단순한 일이었다. 그나마 나는 객원기자로 글도 쓰고 사랑방문화클럽의 운영위원장직을 맡아 동호인들의 활동도 도왔지만, 그렇지 못했던 많은 자원봉사자들은 중도에 그만두었다.

나만 일을 다시 하고 싶다는 생각을 한 게 아니다. 빅토리아 브로피라는 미국의 소아과 의사도 나와 같은 생각을 했다. 그녀는 의사라는 직업에 걸맞게 고소득을 올리며 사치스러운 생활을 즐겼다. 당연히 주위에도 그러한 사람들이 많았다.

그러던 어느 날 '이게 아닌데' 하는 생각이 들었다. 그녀는 큰 집을 팔고 그 반 정도 되는 작은 집으로 이사를 했다. 그리고 단순한 삶을 살려고 마음먹었다. 동료와 친구들이 그녀에게 반감을 보였지만, 그녀는 그 방식을 고수했다. 결국 일부 친구들과의 우정이 끝나기도 했다. 빅토리아는 1년 동안 병원 일을 그만두고 집에서 쉬기로 했다. 그리고 존재하는 것만으로 하루하루를 보냈다. 정원을 가꾸고, 휴식하고, 독서하고, 사색하고, 음악을 듣는 것이 그녀의 생활 전부였다. 어떤 날에는 아무 계획 없이 무작정 여행을 나서기도 했다.

그런 생활을 6개월쯤 하고 나자 그녀는 다시 병원 일이 하고 싶어졌다. 자기가 싫어한 것이 의사 일이 아니라는 사실을 깨달았다. 그녀는 단지 스트레스와 압박 속에서 전임 의사로 일하고 싶지는 않았던 거다. 빅토리아는 예전처럼 전일제로 일하기보다는 시간제 의사로 일하기를 원했다. 그러나 의료계에서 그러한 일자리를 찾는 게 쉽지 않았다.

어느 날, 이웃에 사는 여자와 이야기를 나누다가 그 집 아이들의 소아과 의사를 만나 보라는 권유를 받았다. 빅토리아는 그 의사에게 전화를 걸어 자신이 시간제 의사 일을 구하고 있다고 말했다. 상대는 한참 침묵을 지키고 있다가 입을 열었다. "믿을 수가 없군요. 두 살배기 아기 때문에 지난 2년간 시간제로 일해줄 의사를 얼마나 애타게 찾았는지 몰라요. 괜찮으시다면 될 수 있는 대로 빨리 만나고 싶군요." 빅토리아는 뛸 듯이 기뻤다. 두 사람 모두 원하던 상대를 만난 것이다. 그 뒤 빅토리아는 일주일에 20시간만 의사 일을 하고 있다.

내 주변에도 그와 비슷한 사례가 있다. 대학교 후배의 이야기다. 캠퍼스 커플로 만난 후배의 아내는 약학대학을 나왔지만 졸업과 동시에 결혼을 하고 가정생활에만 전념했다. 아이들이 커서 육아의 부담에서 벗어날 수 있게 되자 그녀는 일이 하고 싶어졌다. 지금은 동네 약국에 취직하여 일주일에 3일만 근무하고 있다.

빅토리아의 사례에서 보듯이 직장을 그만둔 건 일하기 싫어서가 아니다. 자신에게 부여된 실적을 올리지 못하면 그만큼 스트레스를 받아야 하는 성과 중심 위주의 관리 시스템에 지쳐서 일을 그만둔 것뿐이다.

은퇴자도 일하기를 원한다. 다만, 그들은 풀타임의 일보다는 자신의 시간도 즐기면서 일을 하고 싶어 한다. 그들이 바라는 것은 높은 급여가 아니다. 그저 일을 통해 사회에 공헌하고 자아를 실현하는 게 목적이다.

최근 우리 정부는 고용을 늘리기 위해 시간제 근로제를 적극 추진하고 있는데, 이 제도가 은퇴 후에도 일하고 싶어 하는 이들에게 좋은 대안이 되리라 생각한다. 하루에 반나절만 일하고 반나절은 자신의 시간을 갖는다면 얼마나 좋겠는가? 소득의 재분배로 사회양극화도 어느 정도 해결되고, 직업과 일에 대한 패러다임도 전환될 것으로 추측된다. 국가에서 해야 할 일은 바로 이처럼 국민이 원하는 일을 할 수 있도록 그 장을 마련해 주는 것이다.

11

먼저 살았던
사람에게
묻다

◆　　　◆

◆

　　　어떤 사람이 열심히 일해서 부자가 되었다. 그는
이젠 일에서 손 떼고 좀 쉬어야겠다는 생각을 했다. 돈 버느라
그동안 미루어뒀던 일들이 얼마나 많았던가? 남은 생은 자신
이 하고 싶은 일을 하며 지내야겠다고 마음먹었다.

　그런데 이게 웬일인가? 그날 밤 저승사자가 찾아온 것이다.
갑작스러운 사태에 당황한 그는 신에게 항의했다. 미리 예고도
하지 않고 이렇게 갑자기 데려가면 어떻게 하냐고. 그러면서
"지금까지 부지런히 일만 하고 살다가 이제 겨우 숨 좀 돌리려
는데, 너무하다"고 항변했다. 신은 벌써 오래전부터 예고를 했

다고 반문했다. 그는 그런 얘기를 듣지 못했다며, 언제 예고했냐고 따져 물었다. 그러자 신은 "내가 너의 머리를 세게 했고, 눈을 흐리게 했으며, 주름도 깊이 파이게 하는 등 여러 번 알려주었다. 다만, 그걸 네가 지나쳤을 뿐이다"라고 말했다. 그제야 그는 고개를 끄덕였다.

그는 사업을 할 때처럼 저승사자에게 거래를 제안했다. "저에게 1년만 시간을 주십시오. 그러면 재산의 반을 드리겠습니다." 저승사자는 안 된다며 고개를 저었다. 그는 다시 한 번 요청했다. "저에게 단 하루만 주십시오. 그러면 전 재산을 드리겠습니다." 저승사자는 그의 딱한 처지를 동정해 그 제안을 받아들였다. 하지만 그는 하루 동안 무엇을 할까 고민만 하다가 그만 시간을 다 써버렸다.

이 이야기가 어디 부자에게만 해당되겠는가. 우리 모두에게 있을 수 있는 일이다. 의학의 발달로 수명이 길어져서 이제는 평균수명이 80세가 넘는다. 하지만 이건 말 그대로 평균이다. 90세를 넘긴 사람도 있는가 하면 60세가 채 안 돼 세상을 떠난 사람도 있다. 그래서 나이 50세가 넘으면 언제라도 생을 마감할 수 있도록 마음의 준비를 해야 한다고 한다.

오랫동안 은퇴 준비를 했어도 남은 생을 어떻게 살아야 할지, 지금도 고민이 많다. 길이 잘 보이지 않을 때는 먼저 살았던 사람들 이야기에 귀를 기울이는 것도 방법이다. 얼마 전 세상을 떠난 중국의 원로 정치가 완리가 생전에 했던 말이다.

"나이가 들어선 세상사에 관여하지 말고, 듣지도 말며, 일을 벌이지도 마라."

실제로 그는 은퇴 후 일체의 사회활동을 중지하고 가까운 지인들과 소일하며 지냈다. 최근 들어 그의 이런 행동이 공자의 생각에서 비롯한 것임을 알았다. 한 일간지에 소개된 글인데, 공자는 말년에 네 가지 마음을 끊었다고 한다.

"무언가 해야 한다는 마음, 반드시 어떠해야 된다는 마음, 고집을 부리는 마음, 나를 중심으로 생각하는 마음."

또《장자》〈열어구〉편에 이런 글이 나온다.

"성인은 꼭 해야 할 일도 꼭 해야 한다고 생각하지 않는다. 그러므로 마음에 다툼이 없지만, 세상 사람은 꼭 해야 할 일도 아닌 것을 꼭 해야 한다고 생각한다. 그러므로 마음속에 다툼이 많은 것이다. 마음속에 다툼을 따르기 때문에 그 행동에는 구하는 것이 있고, 마음속의 다툼이 그 구하는 것을 믿으면 본성은 곧 망하고 마는 것이다."

이 글을 보고 고개가 끄덕여졌다. '나 역시 지금 꼭 해야 할 일도 아닌 것을 꼭 해야 한다고 고집을 부리는 건 아닌가? 그러므로 마음속에 번민이 있는 건 아닌가?' 공자와 장자가 남긴 글들을 보면 결국 노자의 무위사상無爲思想과 그 맥이 같다는 생각이 든다. 이분들은 모두 동시대에 살았는데 2,500년 전에 어떻게 그러한 생각을 하셨는지 놀랍다.

인생 2막을 어떻게 살아야 할지 고민하는 것은 젊은 사람이나 나이 든 사람이나 마찬가지다. 언젠가 기자들이 가톨릭의 장익 주교를 인터뷰하다가 말미에 젊은이들을 위해 한 말씀 해 달라고 부탁했다. 장 주교는 잠시 생각하더니 어느 스님의 말씀을 그대로 전하겠다며 이렇게 답했다.

"그냥 살아!"

장 주교가 지칭한 어느 스님은 조계종 종정을 역임했던 서암 홍근 스님이다. 스님이 돌아가실 때 제자들에게 남긴 게송이 바로 '그냥 살아'다. 13세기 독일 가톨릭의 마이스터 에크하르트도 그랬다. 에크하르트가 쓴 책을 보니 그 역시 신자들에게 같은 얘기를 했다. 종교는 달라도 진리는 같은 법이다.

그보다 훨씬 전에 인생을 어떻게 살아야 할지에 대하여 답을 준 사람이 있다. 지금으로부터 4천 년 전에 살았던 수메르 왕조의 길가메시가 그분이다.

수메르는 4대 문명의 발생지라는 유프라테스 강변에 있는 국가였다. 그곳에 도시국가 우루크가 있었는데, 길가메시는 바로 그 우루크를 통치했던 왕이었다. 길가메시는 자신의 경험을 서사시로 엮었다.

길가메시가 쓴 서사시가 발견되기 이전에는 그리스의 신화 작가 호메로스가 쓴 《오디세이아》가 가장 오래된 서사시로 인정받았다. 그런데 고고인류학자들이 발견한 수메르 왕조의 상형문자가 해석되며 《길가메시 서사시》의 존재가 드러났다. 서사시의 내용은 다음과 같다.

우루크의 왕으로서 온갖 부를 누리던 길가메시는 가까운 친구의 죽음을 목격하고 자신도 죽을 수 있다는 생각을 했다. 그는 인간이 신처럼 죽지 않을 수 있는지 물어보려고 신을 찾아갔다. 가는 동안 죽을 고비를 몇 번이나 넘기고 가까스로 신을 만났다. 그러나 신은 길가메시가 찾는 그런 방법은 없다고 했다. 인간은 누구나 다 죽을 수밖에 없다는 얘기였다. 신은 그곳까지 찾아온 길가메시를 기특히 여겨 '늙지 않는 약'을 선물로 주었다.

하지만 길가메시는 돌아오던 중에 그 약을 잃어버렸다. 호수에서 잠깐 목욕하는 사이에 뱀이 그 약을 몰래 훔쳐가 버린 것이다. 천신만고 끝에 약을 얻었던 그는 그 자리에 털썩 주저앉아 울음을 터뜨렸다. 잠시 뒤 신이 나타나 그를 달래며, 인간세계로 돌아가면 어떻게 살아야 할지 조언해주었다.

"인간은 누구나 죽는다. 그렇다고 절망해서는 안 된다. 의기

소침해서도 안 된다. 인간으로서는 어쩔 수 없는 일이니, 그저 그렇게 살아라."

화가 고갱의 작품 중에 〈우리는 어디서 왔으며, 누구이며, 어디로 가는가〉라는 그림이 있다. 작품명에서 삶과 죽음에 대한 그의 고뇌가 느껴진다. 고갱뿐 아니라 수많은 사람들이 삶의 비밀을 알려고 노력했지만, 아무도 답을 찾아내지 못했다.

먼저 살았던 사람들의 발자취를 살펴보면 삶의 비밀을 알려고 너무 애쓸 필요가 없겠다는 생각이 든다. 그분들처럼 삶의 신비를 아는 데 시간을 투자할 수도 있지만, 자칫하면 삶 자체를 놓칠 수도 있다. 인생의 보다 심오한 문제들은 불가사의한 그대로 놔두고 지금 여기 살아 있는 이 유일무이한 순간을 음미하며 즐겁게 살면 되지 않을까 생각한다.

다음은 12세기 이슬람의 현인이 쓴 글이다. 하루하루 범사에 감사하며 주어진 삶을 묵묵히 살아가야겠다.

젊은 날 성현들을 찾아다니며
이것저것 높은 말씀 들어봤건만
언제나 같은 문을 출입했을 뿐
나 자신 깨우친 것 하나 없었네.
성현들과 더불어 지혜를 씨 뿌리고

내 손수 공들여 가꾸어 보았지만

마침 거둔 것은 다음 한마디

나, 물처럼 왔다가 바람처럼 가노라.

2장

은퇴해도
할 일은 많다

사람은 평생을 통해 인생을 살아가는
방법을 배운다. 또한 어떻게 죽는 것이
좋은지를 배우기 위해서도 평생을 보낸다.

_ 세네카Seneca

1

은퇴 후
가장 하고
싶은 일

◆　　　◆

◆

     난생처음 성형외과에 간 적이 있다. 아이들 방에 있던 피아노를 옮기다가 엄지발가락을 다친 것이다. 집 근처에서 외과 의원을 찾아보았더니 없었다. 인근 동네에서도 외과 의원을 찾기가 어려웠다. 외과의사라면 사실 의사들의 꽃인데, 왜 이렇게 외과 의원이 드물어졌을까? 그 이유는 의료수가가 낮아 의사들이 외과를 기피하기 때문이다.

  할 수 없이 직장 부근에 있는 성형외과를 찾아갔다. "외과 의원을 찾기가 어려워 이곳으로 왔는데, 이런 것도 고쳐줍니까?" 내 물음에 성형외과 원장은 괜찮다며 앉으라고 했다. 치료 도중에 벽면을 보니 바다 속 풍경을 찍은 사진이 걸려 있었다. 호기심이 생겨 원장에게 무슨 사진이냐고 물었다. 그는 취미로 스킨스쿠버 다이빙을 하는데, 그때 찍은 사진이라고 설명해주었다. 내가 스노클링을 해봤다고 하자, 그는 스킨스쿠버 다이빙을 배우라며 관련 책과 사진을 보여주었다. 만일 배울 용의가 있다면 강사 자격증도 있으니 자기가 직접 가르쳐주겠다고 했다.

다음 날 원장은 치료를 마치고 스킨스쿠버 경험담을 들려주었다. 그때 간호사가 문을 열고 "선생님, 수술할 시간이에요"라고 귀띔했다. "좀 기다리라고 해." 그러고는 내게 남은 이야기를 마저 건넸다. 생을 살면서 자기가 경험한 것들 중에서 좋다고 생각하는 건 누군가에게 알려주고 싶지 않은가. 그때 그가 그랬다.

수술까지 미뤄가면서 그는 내게 스킨스쿠버 다이빙의 좋은 점에 대해 설명했다. 그래도 미심쩍은지 수술실로 들어가며 다시 말을 건넸다. "바다 세계를 보지 못한다면 세상에 태어나서 반쪽만 보고 가는 겁니다." 혼자 치료실에 남아 가만히 생각해보니, 그의 말에 수긍이 갔다. 우리는 대부분 세상의 반쪽인 땅 위의 세계만 보고 가는 것이다.

그의 권유에도 불구하고 아직까지 스킨스쿠버 다이빙을 배우지는 못했다. 세상의 반쪽을 보지 못한 것이다. 그런데 못 보고 가는 게 어디 바다 밑뿐이겠는가. 내가 발을 딛고 있는 이 대륙의 아름다움도 제대로 보지 못했는데…….

삼성생명 은퇴연구소가 은퇴를 준비하는 사람들을 대상으로 설문 조사를 한 적이 있다. "은퇴 후 하고 싶은 일이 무엇인가요?" 여러 답변들 중에서 1위는 '여행'이었다. 고개가 끄덕여졌다. 직장에 다니는 동안 가고 싶은 곳은 많았지만 어디 갈 여유가 있었던가. 연월차 휴가 제도가 있었지만, 직장인에게는 '그림의 떡'이었다. 여름휴가도 눈치보고 가던 차에 연월차 휴가를 쓴다는 건 감히 생각지도 못했었다.

요즘엔 해외여행이 자유화되었지만, 내가 회사에 다닐 때만 해도 달러가 모자라 해외에 가려면 엄격한 심사를 거쳐야 했다. 차츰 나라 살림이 나아지며 이런 제약은 완화되었다. 직장에서 인사업무를 맡고 있을 때 해외에 갈 일이 생겼다. 거래하던 모 은행에서 마케팅 차원으로 인사책임자 워크숍을 하와이 마우이 섬에서 열었다. 그때 처음으로 해외여행을 갔다.

지금 생각하면 우습지만, 장시간 비행하며 '혹시 태평양 한 가운데로 추락하면 어떻게 하나' 하는 걱정도 했었다. 하와이 본섬에 도착해 휴식을 취한 후 다음 날 마우이 섬으로 날아갔다. 비교적 좋은 호텔에 짐을 풀고 연수가 시작되었다. 그런데

밖에는 산들바람이 불고 푸른 골프장 초원이 눈에 삼삼한데, 강사의 말이 귀에 제대로 들어오겠는가. 결국 몇몇 동료들과 연수원을 빠져나와 골프장으로 갔다. 강사에게는 미안한 일이지만 이곳 문화를 체험하는 것도 좋은 교육이 아니겠냐며 서로 겸연쩍게 웃었다.

주말을 맞이하여 우리 일행은 연수 부담 없이 모두 바닷가로 갔다. 그곳서 수영도 하고 스노클링도 하며 오랜만에 자유를 만끽했다. 바다 밑에서 형형색색의 물고기를 보니 성형외과 의사의 말이 생각났다. 정말 바다 밑은 딴 세상이었다. 어느 식자는 우주 개발하는 데 돈을 쓰기보단 바다 밑 자원을 이용하는 데 돈을 쓰는 게 더 경제적이란 말도 한다.

일단 한번 해외여행을 하고나니까 그다음부터는 한결 쉬워졌다. 여름휴가에 주말을 끼워 해외여행을 가곤 했는데, 유럽의 미술관에서 교과서로만 보던 명화를 감상한 추억은 결코 잊을 수 없다. 초등학교 저학년 때 우리나라가 금수강산이라고 배웠는데, 그곳 경치들을 보곤 학교에서 좀 속은 느낌을 받았다. 명화 역시 인쇄된 도록으로 보는 것과 실물을 직접 보는 것은 큰 차이가 있었다.

미술관을 안내해줬던 그곳 교민이 이런 얘기를 했다. 그는 한국에서 미술을 전공하고 유학 와서 아르바이트로 현지 가이드 생활을 하고 있는데, 색을 보는 눈만큼은 아무리 노력해도 현지인을 따라가기 어렵단다. 그곳 학생들은 어렸을 적부터 색을 보는 눈이 익숙한 반면, 우리나라 학생들은 손재주는 좋은데 색을 쓰는 기술은 그들만 못하다는 얘기였다.

모난 돌이 정 맞는다고 남들보다 좀 튀면 그걸 부정적으로 생각한다. 그래서 아이들이 창의적인 생각을 해도 칭찬은커녕 튄다고 나무라는 것이다. 아파트도 요즘엔 난방 기술의 발달로 골고루 열이 가는데, 조용한 모서리 쪽보다 중앙에 있는 걸 더 선호한다. 특히 복도식 아파트는 가운데 있으면 시끄럽다. 그런데도 중앙을 선호하는 것은 한가운데 있으면 그만큼 정을 맞지 않을 거란 생각에서 비롯된 게 아닐까 싶다.

스웨덴을 여행할 때다. 그곳 사람이 '한국' 하면 떠오르는 게 딱 두 가지라고 했다. 하나는 한국전쟁, 또 하나는 노벨평화상을 받은 김대중 대통령이다. 무역량이 세계 10대 국가이고 자동차 생산량도 세계 5위 국가인데, 조금은 억울했다. 그는 우리의 대표 브랜드인 '삼성'을 일본 브랜드로 알고 있었다. 국가 홍보가 많이 미흡하다는 생각이 들었다.

몇 년 전엔 캐나다로 이민 간 친구와 단 둘이서 캐나다 서부 지역을 10여 일간 여행한 적이 있었다. 그는 원래 대륙횡단의 꿈을 지니고 있었는데 나를 위해 자신의 꿈을 미루고 행선지를 서부로 바꾸었다. 지금 생각해도 그에게 미안하고 고맙다. 친구끼리 하는 여행이 괜찮은 건 관심사가 비슷하기 때문이다. 여행하는 동안 대화는 주로 그가 이끌었고, 나는 조용히 경청하는 쪽이었다. 10여 년간 타국에서 생활하면서 그동안 못한 얘기가 얼마나 많았겠는가. 특히 그의 누이 이야기는 감동적이었다. 소설로 써도 손색이 없겠기에 그에게 글쓰기를 권했다.

캐나다에 유학 간 아이를 방문한 적도 있다. 아이와 아내 그리고 나, 셋이 차를 하나 빌려 캐나다 내륙 여행을 했다. 캐나다는 땅덩어리가 넓어서 도시와 도시를 이동하는 데도 시간이 꽤 걸렸다. 그럼에도 불구하고 지루하지 않았던 건 차 안에서 가족끼리 여러 가지 이야기를 나누었기 때문이다. 집에 같이 있을 땐 시간이 많아도 얘기를 나눌 기회가 없었는데, 밖에 나오니까 시키지도 않은 얘기를 술술 풀어낸다. 여행을 하면 마음이 좀 트이는 걸까? 이것도 여행이 주는 이점이다.

앞에서도 얘기했지만, 50대를 대상으로 은퇴 후에 하고 싶은 일을 조사했더니 1위가 여행이었다. 그러나 실제로 하고 있는 취미는 텔레비전 시청이었다. 머리와 몸이 따로 움직이는 중년증후군 증상이다. 왜 여행을 가지 않느냐고 물으면 돈이 없어서 그렇단다. 내 생각엔 의지가 부족해서다.

'여행!' 하면 대개 멀리 떠나는 걸 생각하는데, 집 주변에도 갈 곳은 많다. 사실, 여행은 집을 나서는 순간부터 시작된다. 내가 친구들과 자주 가는 곳도 양평군의 어느 마을이다. 그곳 계곡은 유명산에서 내려오는 물로 가뭄에도 수량이 많다. 그곳에 다녀올 때마다 몸과 마음이 건강해짐을 느낀다.

집 근처에 있는 가락동 농수산물시장도 좋은 여행지다. 비릿한 생선 냄새와 그곳 사람들의 건강한 미소를 보면 절로 활력을 느끼게 된다. 사진을 좋아한다면 가까운 시장이나 백화점에 가서 사람들의 행복한 모습을 영상에 담는 것도 좋다. 지금까지 여러 가지 여행 사례를 들었지만, 사실 은퇴하면 갈 곳은 많다. 그것을 할 수 있느냐, 못 하느냐는 결국 당신의 선택에 달려 있다.

2

당신은 어떤
인생 2막을
꿈꾸는가

◆　　◆

◆

　　　　　　미술을 좋아하다보니 '은퇴한 뒤 미술관을 운영해
보면 어떨까' 하는 생각이 들었다. 서점에서 관련 책을 찾아보
았다. 《미술관 경영 어떻게 할 것인가》라는 책이 눈에 들어왔
다. 저자는 사학과 경영학을 전공한 후 모 미술관 관장으로 재
직 중이었다. 책을 사서 집으로 돌아와 단숨에 읽어내려 갔다.
　내 생각에, 병원 경영은 의사보다 경영학을 전공한 사람이
더 잘할 것 같다. 마찬가지 이유로 미술관 경영도 화가보다는
조직을 운영해본 경험자가 더 잘할 거라고 생각한다. 우리나
라에도 사례가 있다. 국립현대미술관 관장을 역임한 배순훈 전

대우전자 사장이 바로 그 주인공이다.

《미술관 경영 어떻게 할 것인가》의 저자는 경영학을 전공한 사람답게 책도 잘 썼다. 다만, 오자가 몇 개 눈에 띄었다. '이걸 저자에게 알려주어야 하나, 말아야 하나' 고민하다가 아무래도 알려주어야 할 것 같아 그에게 전화를 걸었다. 그는 무척 고마워하며 한번 만나자고 했다.

얼마 뒤, 그와의 식사 자리가 마련되었다. 알고 보니 그는 처음부터 미술을 좋아하던 사람이 아니었다. 대학을 나와 H그룹에서 오랫동안 직장생활을 했단다. 중동 건설현장에서 일하던 그는 D그룹으로 전직하기 위해 귀국했다가 우연히 미술을 접했다고 한다. 그룹 임원 인사를 앞두고 잠시 계열 미술관에 부관장이란 직책으로 있었는데 관장이 갑자기 그만두는 바람에 예상치 않았던 관장이 된 것이다.

미술 전공자가 아닌 사람이 미술관 관장으로 부임했으니 아마 처음에는 말들이 많았을 것이다. 미술계 인사들과의 교류도 쉽지 않았을 테고. 그래서 그는 책을 한 권 집필했다.《미술관 경영 어떻게 할 것인가》가 바로 그 책이다. 그때부터 미술계 인사들과 대화를 나눌 수 있었다고 한다. 마침 나도 회사를 옮길 참이어서 그의 얘기가 더 마음에 와 닿았다. 우리는 한참 동안 이야기를 나누다가 다음에 또 만날 것을 기약하고 헤어졌다.

얼마 뒤 나는 C대학교 예술대학원에 박물관·미술관학 과정이 있는 걸 알고 등록했다. 개강할 때 보니 학생들 중에 내 나이가 제일 많았다. 어느 날, 학교 캠퍼스에서 그를 우연히 다시 만났다. 그 역시 나처럼 예술대학원의 다른 과정에 다니고 있었다. 우리는 차를 마시며 그간의 안부를 나누었다. 그가 의미심장한 말을 했다.

"미술계에 들어와 보니 미술을 전공한 사람은 많아도 경영학을 공부한 사람은 없어요. 또 경영학을 전공한 사람들 중엔 미술을 아는 사람이 없고요. 그러니까 미술과 경영학을 둘 다 전공한 사람은 드물어요. 우리는 경영학을 전공했으니, 대학원에 등록하여 예술경영학으로 박사학위에 도전해봅시다. 그러면 우리나라 최초의 예술경영학 박사학위를 받게 되는 겁니다."

솔깃한 제안이었으나 나는 주저할 수밖에 없었다. 그는 이미 경영학 석사학위를 가졌기에 곧바로 박사학위 과정에 진학할 수 있었으나, 나는 석사학위부터 도전해야 하는 처지였다. 더구나 나는 한창 공부 중인 아이들이 있어 좀 더 직장생활을 해야 했다. 내가 망설이는 동안 그는 대학원에 진학했다. 그 뒤 나는 지인의 추천으로 새로운 회사에 임원으로 들어갔다. 그러면서 예술경영학을 공부하겠다는 생각은 잊었다.

그로부터 3년 뒤, 그를 다시 만났다. 그는 우리나라 교수 중에 예술경영학을 전공한 교수가 없어 생산관리를 전공한 사람을 지도교수로 정한 후 예술경영학 박사학위를 받았다고 한다. 그 뒤 부산에 있는 D대학교의 교수로 임용되어, 교무처장도 역임했다. 인생 전반부가 나처럼 회사원이었다면 인생 2막은 교육자 겸 대학행정가의 길을 간 셈이다. 그때 나도 예술경영학을 공부했으면 어떠했을까? 이런 상상을 해보는 것도 즐겁다.

세월이 흐르자 우리나라 대학에 예술학과가 생겼다. 외국에서 예술경영학을 공부한 젊은이들도 귀국했다. 당연히 이들이 미술관 운영을 맡아야 한다고 생각했다. 그러나 현실은 그러하지 못했다. 제법 규모가 큰 그룹들의 경우 모두 미술관을 갖고 있는데, 그 미술관을 운영하는 사람들은 대개 오너의 가족이나 친인척이었다. 예술경영학을 전공했어도 갈 곳이 마땅치 않은 것이 현실이다.

나는 박사학위를 취득하지 못했지만 꾸준히 미술 공부를 계속했다. 그러던 어느 날, 오래전부터 알고 지내던 권상릉 조선화랑 대표를 찾아갔다. 퇴직 후에 화랑을 운영해보고 싶다고 하니 그분은 손사래를 치며 말렸다. 미술관이나 화랑 운영이 보기에는 좋을지 모르지만 쉽지 않은 일이라며 그냥 애호가로 있으라고 했다. 그분의 말에서 진심이 느껴졌다. 나는 뜻을 접기로 했다.

인생 전반기가 가족 부양에 필요한 일을 해야만 했던 시기라면,

인생 2막은 그런 의무에서 벗어나 오로지 자신이 좋아하는 일을 하는 시기다.

나처럼 미술을 좋아했던 금융계 동료 한 명은 일찍 회사를 그만두고 갤러리를 차렸다. 만일 그가 조기은퇴를 하지 않았으면 이력을 볼 때 임원까지는 했을 거라고 생각한다. 하지만 임원으로 승진했다고 해서 얼마나 더 일할 수 있었을까? 임원은 '임시직원'이란 말도 있듯이, 요즘은 임원으로 승진하지 않고 그냥 부장으로 정년까지 근무하겠다는 행원도 많다고 한다.

그가 갤러리를 운영한 지도 벌써 10년이 넘는다. 요즘도 한국국제아트페어KIAF나 화랑미술제에 가면 그를 만날 수 있다. 은퇴 후 그처럼 자신이 좋아하는 일에 종사할 수 있다는 것은 어쩌면 큰 복이다. 나는 그와 다른 길을 갔지만 은퇴 후 대안문화공간을 운영하며 큐레이터의 경험도 하고, 도슨트박물관이나 미술관 등에서 관람객들에게 전시물을 설명하는 안내인 봉사를 하며 관람객을 만나기도 했다. 그것도 재미있는 경험이다.

인생 2막을 어떻게 살아야 할까? 은퇴를 앞둔 사람들의 최대 고민이다. 첫 번째 예로 든 책의 저자는 우연한 기회에 미술을 처음 접하고 계속 그 길로 정진하여 대학교수로 변신했다. 두 번째 예로 든 나의 금융회사 동료는 재직 중 오랜 준비를 거쳐 은퇴 후 갤러리 관장으로 변신했다. 나도 그처럼 미술을 좋아했으나 인생 2막은 다른 길을 걷고 있다.

인생 전반기가 가족 부양에 필요한 일을 해야만 했던 시기라면, 인생 2막은 그런 의무에서 벗어나 오로지 자신이 좋아하는 일을 하는 시기다. 어떤 사람은 농업에 종사하다가 선교사로 변신했고, 또 어떤 사람은 건축가로 일하다가 작가로 변신했다.

인생학교 학생 중에는 영문학을 전공하고 외화번역 일을 하다가 화가로 변신한 사람도 있다. 반면 금융 일을 하다가 번역작가로 변신한 사람도 있다. 어떤 일을 하느냐는 중요치 않다. 그게 자신이 좋아하는 일이면 된다. 당신은 어떤 인생 2막을 꿈꾸는가? 그것이 무엇이든 나는 당신을 응원할 것이다.

3

능동적
취미와
수동적 취미

음악을 하는 친구들과 공연을 앞두고 연습을 하는 날이다. 대개는 친구의 별장 지하실에서 연습했는데, 그날은 사정이 있어서 역삼동에 있는 다른 친구의 사무실에 모였다. 차를 타고 그곳으로 가는데 지병인 허리병이 도져서 많이 불편했다. 마음속으로 '오늘은 좀 쉬었으면' 했지만 합주연습이라는 게 한 사람이라도 빠지면 할 수 없는 것이다. 물론 양해를 구하면 쉴 수는 있겠지만 모처럼 모였는데 그러기는 싫었다.

휴일이라 사무실엔 아무도 없었다. 한쪽에 자리를 잡고 악기를 꺼냈다. 막상 연습을 시작하려니 허리 통증이 더 심해졌다.

'아이고, 이걸 어쩌지…….' 잠시 뒤 리허설이 시작되었다. 공연을 앞둔 터라 긴장감이 평소보다 컸다. 리허설 도중에 한 친구가 다른 친구에게 말했다. "네 악기 소리가 좀 큰 것 같아. 좀 줄였으면 좋겠어." "뭐가 커, 나는 안 큰데?" "그럼, 녹음해서 한번 들어보자."

독주는 악보를 좀 무시하고 기분 내키는 대로 연주할 수 있지만, 합주는 그러하지 못하다. 한 사람이라도 잘못하면 금방 표가 난다. 그래서 합주는 자신의 소리뿐만 아니라 남의 소리에도 귀를 기울여야 한다. 녹음해서 들어보니 친구가 지적한 대로 다른 친구의 악기 소리가 좀 컸다. 그제야 그가 수긍했다.

이번에는 다른 친구가 그 친구에게 "네 만돌린 2번선 한쪽이 좀 느슨한 것 같아. 조여야겠어"라고 충고했다. 친구가 "그래?" 하며 튜닝을 다시 했다. 다른 연주자의 악기 소리까지 듣고 틀린 부분을 집어내다니, 놀라운 능력이다. 그만큼 음악을 하는 사람들은 예민하다는 얘기다.

휴식시간에 한 친구가 이런 얘기를 했다. "한 곡을 마스터하려면 프로들도 천 번은 연습한대. 우린 그렇게까지는 못 해도 500번 정도는 해야 되지 않겠어?" 모두 그의 말에 수긍하면서도 고개를 내저었다. 50번이면 몰라도 500번은…….

연습을 마치고 식당으로 갔다. 밥을 먹으면서 생각해보니,

신기하게도 연습할 때는 허리가 아프지 않았다. '연습하러 올 때는 허리가 꽤 아팠는데, 왜 연습할 때는 허리가 안 아팠을까?' 집에 돌아오니 다시 허리가 아팠다. 아마 연습할 때는 악기 연주에 몰입해서 허리 아픈 것도 잊었었나보다.

언젠가 MBC 방송국에서 출연 요청이 왔다. 〈컬투의 베란다 쇼〉라는 프로그램이었다. '컬트'란 말은 들어봤어도 '컬투'란 말은 그때 처음 들었다. 그래서 전화한 작가에게 물었더니 두 젊은이가 방송을 진행하는데, 그들의 닉네임이 '컬투'라고 했다. 나는 작가의 요청을 받아들여 〈컬투의 베란다 쇼〉에 출연했다. 그날의 주제는 '취미생활, 어떻게 할 것인가?'였다. 두 진행자는 내게 취미생활에 대해 이것저것 물었다.

취미는 크게 두 가지로 나눌 수 있다. 바로 '수동적 취미'와 '능동적 취미'다. 수동적 취미의 대표적인 것이 텔레비전 시청이다. 남이 만들어놓은 것을 그냥 바라만 보는 행위다. 나는 진행자와 대담하며 가급적 텔레비전 시청을 하지 않는 것이 좋다고 말했다. 영화 보기, 책 읽기, 그림이나 음악 감상하기, 이런 행위도 수동적 취미다. 반대로 능동적 취미는 자기 스스로 창의적인 생각을 갖고 자의적으로 여가를 즐기는 행위를 말한다. 예를 들면 글쓰기, 그림 그리기, 악기 연주하기 등이 있다.

학자들은 어느 일에 몰입하다가 다시 일상으로 돌아올 때 우

능동적 취미는 자기 스스로 창의적인 생각을 갖고 자의적으로 게임을 즐기는 행위를 말한다. 예를 들면 글쓰기, 그림 그리기, 악기 연주하기 등이 있다.

리 몸에 좋은 호르몬인 엔도르핀이 나온다고 말한다. 이를 테면 10시간 가까이 걸린 어려운 수술을 성공적으로 마친 외과 의사가 세면대에서 두 손을 씻을 때, 산의 정상에 오른 산악인이 암벽등반을 무사히 마치고 땅에 두 발을 내딛었을 때, 그때가 바로 그 순간이다. 아마 내가 연습할 때 허리가 아픈 걸 잊고 악기 연주에만 몰입했던 것도 이런 원리가 아닌가 싶다.

조사에 따르면 수동적 취미는 몰입하는 정도가 4퍼센트에 그친 반면, 능동적 취미는 47퍼센트에 이른다. 능동적 취미가 훨씬 더 몰입하는 정도가 큰 것이다. 수동적 취미보다는 가급적 능동적 취미를 권하는 이유다.

미국 CNN과 《타임》이 공동조사를 했는데, 미국인의 62퍼센트가 여가 시간에 하지 않아도 될 일을 하고 있다고 한다. 그건 그들이 하고 싶은 걸 모르기 때문이다. 우리나라 은퇴자들 역시 자신이 무엇을 하고 싶은지 잘 모른다. 그동안 먹고사는 데만 열중하다보니 취미에 관심을 가질 수 없었던 것이 현실이다. 은퇴를 준비할 때도 대개 재무적인 면에만 집중을 하는데, 비재무적인 것도 그 못지않게 중요하다. 취미도 그중 하나다.

'죽음의 5단계설'로 잘 알려진 엘리자베스 퀴블러 로스 박사는 《인생 수업》이라는 책에서 우리의 삶을 지구별에 소풍 온 것으로 비유했다. 그러하기 때문에 우리는 이곳에서 그저 잘

놀다 가면 된다는 것이다. 그의 말대로 우리가 소풍을 온 것이라면 직접 놀이에 뛰어드는 것이 재미있을까? 아니면 남이 노는 걸 구경만 하는 것이 재미있을까? 당연히 직접 참여하는 것이 바람직하다.

행복한 사람은 그 게임을 직접 즐기는 사람이고, 불행한 사람은 그 게임을 그저 바라보기만 하는 사람이다. 당신은 어떤 사람이 되고 싶은가? 그리스 철학자 에피쿠로스가 남긴 말은 우리에게 많은 걸 생각하게 한다.

"우리 모두는 단 한 번 세상에 태어난다. 두 번은 죽어도 불가능하다. 따라서 영원을 고려하며 살 필요는 없다. 그런데도 내일이 어떨지 모를 당신은 참다운 즐거움을 미룬다. 인생이란, 미루는 가운데 시들어 버리는 어떤 것. 우리는 그것을 제때 향유하지 않다가 어느 날 덜컥 죽고 만다."

4

책으로
맺은 인연,
독서클럽

◆　　　◆

◆

　　뉴 밀레니엄 시대를 맞이할 때《타임》은 '과거 천
년 동안 인류의 발전에 가장 크게 기여한 발명이 무엇인가'를
조사한 적이 있다. 많은 사람들이 인터넷이나 전화의 발명을
예상했지만, 1위는 구텐베르크의 활판인쇄술이 차지했다. 과
거 일부 사람들만 점유하던 지식과 정보들이 그의 인쇄술로 인
해 여러 사람에게 보급된 점을 높이 평가한 것이다.
　인쇄술이 발명되기 이전에는 사람들이 일일이 원본을 베껴
옮겨야 했다. 그러니 책 한 권을 만들려면 시간이 꽤 소요되었
다. 예를 들어 300쪽짜리 책 한 권을 제작하는 데 12명이 매

달려 18일 정도 걸렸다고 한다. 당연히 책은 귀한 물건이었다. 중세에는 귀족이나 부자들만이 책을 갖고 있었는데, 그것도 겨우 몇 권 정도라고 한다. 일반인들은 책을 소유할 수도, 볼 수도 없었던 시절이었다.

내가 어렸을 적에도 책은 귀했다. 먹고살기 힘든 시절이라 책 같은 곳에 눈을 돌린다는 게 사치처럼 여겨졌을 것이다. 책 구하기가 어려워 주로 헌책들을 돌려보았다. 그땐 청계천변에 헌책방이 줄지어 있었다. 지금은 인터넷으로 책을 검색해서 택배로 받기도 하지만 과거엔 일일이 헌책방을 돌며 "무슨 무슨 책 있습니까?" 하고 물어보았다. 그러다가 책을 소유한 서점을 발견하면 주인과 가격을 흥정하여 책을 샀다.

책이 귀한 시절이었지만 그래도 틈틈이 동화책을 읽었던 기억이 난다. 마해송 작가가 쓴 《앙그리께》, 《떡배 단배》 등이 즐겨 읽었던 책이다. 과거엔 이런 책의 삽화를 김환기, 백영수 화백 등이 그렸다. 책의 종류는 많지 않았지만 그래도 그 책들이 당시 어린이들에게 꿈과 희망을 주었다고 생각한다.

군대에서도 책 보기는 여전히 어려웠다. 가끔 위문품으로 책이 오면 내무반에서 그 책을 돌려보았다. 간혹 화장실에도 책이 있었는데 온전한 책이 없었고, 그나마 있는 책도 닳고 닳아 제대로 읽기가 어려웠다. 그러다가 1970~1980년대 들어 우리나라 경제가 살아나면서 책 구하기가 한결 용이해졌다. 그래도 책을 귀하게 여기는 마음은 여전해서 선물로 인기가 많았다.

대학을 졸업하고 명동에 있는 금융회사에 다닐 때다. 명동 입구에 작은 서점이 하나 있었는데, 퇴근길에 들러 책 한 권을 사면 집으로 가는 발걸음이 꽤 가벼웠다. 지금은 그 자리에 옷가게가 들어서 있다. 참으로 아쉬운 일이다.

동네에도 서점이 하나둘 생겨났다. 일요일이면 가끔 그곳에 들러 책을 구경하고 샀다. 서점 주인이랑 책 이야기를 나누는 것도 재미있었다. 그런데 언젠가부터 대형서점과 인터넷서점이 생기며 이런 동네서점이 문을 닫기 시작했다. 물론 소비자는 편해졌지만, 그래도 서점 주인아저씨와 얘기를 나누는 소소한 재미는 없어졌다.

시간이 지나면서 도서관도 많이 들어섰다. 이제는 돈이 부족해 책을 보기 어렵다는 사람은 없을 것이다. 요즘엔 동네 도서관이 보유한 도서의 양도 엄청날 뿐더러 책이 없을 때 신청하면 사주기도 한다. 과거에 비하면 참 좋은 세상에 살고 있는 것이다.

부모가 직접 아이들에게 모범을 보여주는 것이 교육에 좋다는 글을 읽은 적이 있다. 꼭 그래서 그런 건 아니었지만, 시간이 날 때마다 거실에서 책을 읽었다. 그런 모습을 보고 자라선지 아이들 역시 성인이 되어서도 책을 많이 읽는 편이다.

유유상종이라고 만나는 친구들도 모두 독서를 좋아한다. 친구 네 명과 독서클럽을 결성하여 매월 한 번씩 만났다. 그때마다 읽었던 책의 독후감을 나누며 책을 서로 추천하기도 한다. 친구들이 추천한 책은 실패하는 일이 없었다. 아마 생각이 비슷하기도 하지만 이미 검증이 되었기 때문이리라. 이렇게 독서 정보를 서로 나누는 것도 좋다. 최근에는 책을 읽는 독서인구가 전보다 못하다고 한다. 아마 영상문화가 발달해서 책이 예전만큼 인기가 없나보다. 나는 구세대라 그런지 아직은 영상보다 책이 더 끌린다.

요즘 들어 '가성비가격 대비 성능비의 준말'라는 말이 심심찮게 들린다. 가성비만 보면 책만큼 싼 물건도 없는 것 같다. 커피 한 두 잔 값으로 어떤 사람의 일생을 살 수도 있으니까 말이다. 은퇴를 준비하면서 먼저 살았던 사람들의 이야기에 귀를 기울였는데, 생전에 계신 분들은 직접 찾아뵙고 이미 작고하신 분들은 그들이 쓴 책을 찾아 읽었다. 거기에 내가 찾던 해답이 들어 있었다.

'독만권서 행만리로讀萬卷書 行萬里路'라는 말이 있다. 일생동안 '만 권의 책을 읽고, 만 리를 걸어라'는 뜻이다. 모름지기 진리나 참뜻을 구하기 위해서는 많은 책을 읽어야 하고, 많은 경험을 쌓아야 한다는 의미다.

나의 서가에는 1천여 권의 책이 있다. 젊었을 때부터 빌려본 책을 포함하면 옛사람의 말대로 어림잡아 1만 권은 읽지 않았나 싶다. 인기작가 파울로 코엘료 역시 책을 많이 읽는 편인데, 그는 정기적으로 서가를 정리하여 항상 400여 권의 책만 갖고 있다고 한다. 그의 말을 듣고 나도 그렇게 하리라 마음먹었다. 내게는 귀한 것이지만 나의 사후에 누군가 그걸 정리한다고 생각하면, 그것도 폐를 끼치는 일이다.

'400여 권이 아니라 10권만 갖고 있어야 한다면, 어떤 책을 선택할까' 하는 생각도 해보았다. 또 서너 권만 갖고 있어야 한다면? 그랬더니 《장자》, 《티베트의 지혜》, 《톨스토이의 참회록》 그리고 나의 롤모델인 스코트 니어링과 엘리자베스 퀴블러 로스가 쓴 책들이 손에 잡혔다. 이런 책들은 갖고 있는 것만으로도 위안이 된다. 어떤 책은 이미 읽었지만, 한 권 더 추가로 구입하여 갖고 있기도 하다.

'아름다운인생학교'에서 독서클럽을 만든 적이 있다. 매주 책을 한 권씩 읽고 만나 서로 소감을 나누는 모임이었다. 서울 신림동에 거주하는 70대 어른도 참석했다. 모임 마무리는 그 어른이 자신의 독후감을 소개하는 시간으로 채워지곤 했다.

어느 날, 한 학생이 격주에 한 권씩 책을 읽자고 제안했다.

아마 일주일에 한 권씩 읽는 게 부담스러웠나보다. 일부 회원들도 동감을 표했다. 그랬더니 70대 어른이 "그렇게 열정이 부족하다면 아예 독서클럽을 접자"라고 말씀하셨다. 당신처럼 나이 든 사람도 책을 열심히 읽는데 젊은 사람들이 그래서 되겠냐는 얘기였다. 순간 분위기가 어색해졌다. 사실 주부들이 일주일에 책 한 권씩 읽기란 쉽지는 않을 것이다. 결국 독서클럽은 명맥을 이어가지 못했다. 지금 생각해도 아쉽다.

은퇴 후에는 독서클럽을 만들어 활동하면 어떨까? 같은 책을 읽고 생각하는 지점이 같은 사람을 만나면 반갑지 않겠는가. 인생 2막은 만나도 그만, 안 만나도 그만인 사람을 만나느라 시간을 허비할 게 아니라 만날 때마다 에너지를 느끼는 사람을 만나야 한다. 자신과 생각이 같은 사람을 만나는 것도 그 중 하나다. 성향이나 취미가 같으면 서로 좋아하게 마련이다. 당신이 좋아하는 사람을 자주 만날 것을 기원한다. 독서클럽이 그 좋은 예다.

5

시니어의
로망,
악기 연주

◆　　　◆

◆

　　　대학 입시에 골몰하고 있을 때였다. 창문 틈으로
옆집에 사는 초등학교 선생님의 바이올린 연주 소리가 들려왔
다. 그 소리를 들으면서, 언젠가 나도 바이올린을 배우리라 마
음먹었다.

　대학 졸업 후 명동에 있는 금융회사에 취직했다. 명동은 내
게는 어린 시절 추억도 많고, 아주 익숙한 지역이었다. 직장에
다니며 가끔 클래식 음악 감상실에 가서 좋아하는 음악을 들었
다. 명동 입구에 있던 훈목 다방은 다른 곳과 달리 클래식 음악
만 틀어주어 내가 즐겨 찾던 곳이다. 때론 점심시간에 충무로

에 있던 음반가게나 명동 롯데백화점 안에 있던 음반가게까지 가서 LP판을 사오기도 했다. 그런 날이면 얼른 음악이 듣고 싶어 술 약속도 마다하고 퇴근길을 재촉했다. 이렇게 음악을 듣기만 하다가 어느 날, 직접 악기를 연주하고 싶다는 마음이 들었다.

한번은 어느 행사에 갔다가 4중주 연주를 들었다. 문득 입시 공부를 하며 품었던 바람이 떠올랐다. 행사가 끝난 후 4중주단 옆으로 가서 '바이올린을 배우려면 얼마나 걸리냐'고 물었다. 그랬더니 '도레미 스케일을 제대로 연주하려면 10년이 걸린다'는 답이 돌아왔다. 10년이 걸린다고? 그 말에 기가 죽어 더 이상 물어보지 못하고 조용히 그곳을 빠져나왔다. 그리고 대안으로 생각해낸 악기가 피아노였다. 피아노는 건반을 누르는 대로 소리가 나니까 스케일을 연주하는 데 10년이 걸린다는 바이올린보다는 쉬울 것 같았다.

당장 충무로에 위치한 피아노 학원에 등록하고, 퇴근 후에 피아노를 배우러 다녔다. 그런데 곰곰이 생각해보니 피아노는 부피가 커서 갖고 다닐 수 없다는 치명적인 약점이 있었다. 피아노를 계속 배울 것인가 고민이 되었다.

바이올리니스트 정경화도 처음에는 피아노를 배우다가 나와 같은 생각에서 바이올린으로 전공을 바꾸었다. 나는 '갖고 다니기 좋은 악기가 무엇일까' 고민하다가 플루트로 방향을 선회했다. 하지만 이 마음도 오래가지 않았다. 고등학교 후배로 S음대에 재직 중인 클라리넷 연주가 채일희 교수의 한마디 때문이다. "형, 플루트는 호흡이 깊어야 하는데 차라리 클라리넷을 하지 그래요?", "아, 그러냐?"

나는 다시 한 번 악기를 바꾸기로 했다. 클라리넷을 사러 악기점에 갔다. 주인이 왜 클라리넷을 사냐고 물어서 취미활동을 하기 위함이라고 답했다. 클라리넷을 전공했다는 주인은 클라리넷은 어려우니 대신 색소폰을 연주하라고 권했다. 색소폰은 피리처럼 운지하기가 쉽다는 말도 덧붙였다. 지금 생각해보면 그의 말을 들었어야 했는데, 당시엔 클라리넷에 꽂혀 그의 말이 들리지 않았다. 클라리넷은 색소폰보다 다양한 음악을 연주할 수 있었고, 더구나 영화 〈아웃 오브 아프리카〉에 삽입된 모차르트의 클라리넷 소리가 나를 유혹했다.

이렇게 클라리넷을 구입하고는 한동안 같은 동네에 사는 클라리넷 연주가로부터 개인 레슨을 받았는데, 이게 보통 힘든 게 아니었다. 곡을 연주하기에 앞서 '삑사리'가 자주 났다. 그리고 높은 스케일로 이동할 때 운지가 꽤 어려웠다. 그 고비를 넘겨야 된다는데, 나는 그러하지 못했다.

실망하던 차에 《중앙일보》에 원로 작곡가 조념에 대한 기사가 실렸다. 그는 일찍이 동양음악학교지금의 도쿄음악학교를 졸업하고 〈보리피리〉를 작곡한 우리나라 1세대 작곡가다. 신문에는 '조념 선생님이 폐암 말기에 이르러 포천에 있는 호스피스센터에 입원하셨는데, 그곳에서 가쁜 숨을 몰아쉬며 다른 환자를 위하여 바이올린을 켜주신다'는 내용이 실려 있었다. 그 기사를 읽으니 감동과 함께 고등학교 시절의 꿈이 떠올랐다.

'그래, 악기를 배운다면 좀 어렵더라도 바이올린을 배우자.'

지인의 소개로 우리나라에서 직접 수제로 악기를 만드는 사람을 찾아갔다. 그가 권하는 악기를 하나 산 다음 동네 인근에서 바이올린 레슨을 받기 시작했다. 그때 난 몇몇 동호인들과 결성한 밴드에서 드럼을 연주하고 있었다. 드럼은 고등학교 시절에 활동했던 밴드부에서 배운 악기다. 그들과 1960~1970년대에 유행하던 벤처스 음악과 미국 컨트리 음악을 정기적으로 연주했다. 그러나 드럼은 리듬 악기다. 나는 바이올린을 배워 컨트리 음악을 연주하고 싶었다.

바이올린은 예상대로 어려운 악기였다. 어떤 사람은 바이올린이 악기 중에 제일 어려운 악기라고 했다. 그러나 나는 포기하지 않고 거의 2년간을 배웠다. 그래도 동료들과 컨트리 음악을 연주하기엔 실력이 많이 부족했다. 예전에 어느 바이올린 연주가가 '도레미 스케일을 제대로 연주하는 데 10년이 걸린다'고 했었는데, 그 말을 실감했다.

아름다운인생학교를 개교하고 교과 과정을 짜는데, 한 학생이 우쿨렐레 과정을 만들자는 제안을 했다. 마침 지인 중에 우쿨렐레를 지도하는 사람이 있어 부탁했더니, 흔쾌히 수락했다. 그렇게 해서 아름다운인생학교에 우쿨렐레반이 신설되었다. 우쿨렐레는 원래 포르투칼에서 만든 악기로, 하와이에 전파되면서 전 세계로 보급되었다고 한다. 우쿨렐레의 어원도 하와이 말로 '뛰는 벼룩'이란 뜻이다.

처음에는 어깨너머로 수업 과정을 지켜만 보다가 '우쿨렐레를 배워 시니어Senior, 보통 '연장자'라는 뜻들에게 가르쳐주면 좋겠다'는 생각에 나도 수업에 참여했다. 우쿨렐레는 크기가 작아 갖고 다니기 편하고, 다른 악기에 비해 배우기도 별로 어렵지 않다. 소리가 좀 작은 것이 단점이지만, 그것도 생각하기 나름이다.

어느 날 분당에서 카페를 운영하는 대학 후배가 찾아와 솔깃한 제안을 했다. 연말에 성남시향이 자선음악회를 하는데, 우리 우쿨렐레반도 참여하지 않겠냐는 것이다. 그 제안을 받아들인 우리는 연습에 돌입했다. 우쿨렐레를 배운 지 채 6개월도 안 된 시점이었지만, 공연을 한다는 설렘 속에 열심히 준비했다. 공연 날이 되었다. 먼저 성남시향 앙상블이 연주를 했는데,

역시 프로들이라 듣기가 좋았다. 그다음 차례는 우리, 마침 연말이라 캐럴 위주로 연주했다. 공연 경험이 없다보니 긴장했는지, 연습 때와는 달리 실수가 많았다. 그래도 관객들은 큰 박수로 격려해주었다.

한번은 이동통신회사 KT에서 두 사람이 찾아왔다. 그들은 기업의 사회공헌 차원에서 인생학교 우쿨렐레반의 CD를 만들어주겠다는 제안을 했다. 나는 학생들과 상의한 후 CD 제작 준비에 착수했다. 우쿨렐레반에는 입문한 지 두 달밖에 안 되는 학생도 있었지만, 모두가 참여한다는 원칙을 세웠다. 우리는 사진관에서 CD 내지에 들어갈 인물사진도 찍었다. 표지 디자인은 디자인회사에 다니는 큰아이에게 맡겼다.

음원을 녹음하는 날, 다들 열심히 연습했지만 역시 아마추어의 한계는 있었다. 녹음하는 데 거의 하루 종일이 걸렸다. 어떤 학생은 울상이 되어 자신의 연주 부분은 CD 만들 때 빼달라고 했다. 나는 연습할 때 기량의 반도 발휘하지 못했다며 아쉬워하는 학생들에게 '다음엔 연습량을 두 배로 늘리자'며 격려했다.

얼마 뒤 CD가 나왔는데, 예상했던 것보다 듣기가 괜찮았다. 그러나 일부 회원은 '시간 여유가 있었으면 좀 더 잘할 수 있었는데……' 하며 아쉬움을 토로했다.

내가 일부 회원들의 연주 역량이 부족함에도 불구하고 CD

제작을 결정한 이유는 이런 과정을 통해 학생들이 스스로 성장할 수 있으리라 봤기 때문이다. 아쉬움이 크다면 그만큼 성장한 것이다.

악기 연주는 많은 사람들의 로망이다. 그러나 외국어 습득과 마찬가지로 악기 연주도 오랜 시간을 필요로 한다. 그 과정에서 일부 사람은 힘에 부쳐 포기하기도 한다. 그래서 나는 시니어들에게 가급적 배우기 쉬운 악기를 선택하라고 권한다. 먼저 흥미를 느끼고 하모니를 맞추는 것이 중요하다. 우쿨렐레, 아이리쉬 휘슬아일랜드 전통악기, 하모니카 같은 악기는 가격도 저렴하고 배우기도 쉽다. 일단 이렇게 시작해서 어느 정도 궤도에 오르면, 그때 어려운 악기를 선택해도 된다.

생활 속에서 쉽게 익힐 수 있는 노래를 선곡하여 하모니를 이루면 그것도 듣기 괜찮다. 다만, 합주는 독주와는 달리 남의 소리에 귀를 기울이는 여유가 필요하다. 남들은 천천히 오는데 자기만 속도를 내서는 좋은 하모니를 이룰 수 없다. 이렇게 우리는 합주를 통해 인생 공부를 하기도 한다. 인간관계에서 좋은 평가를 받으려면 먼저 남의 이야기를 경청해야 한다. 이게 세상 사는 이치다. 우리 주위의 시니어들이 악기를 통해 즐거움도 느끼고, 이웃과의 관계도 돈독히 했으면 한다.

6

당신도 훌륭한
사진가가
될 수 있다

◆　　　◆

◆

　　호스피스 공부를 하면서 임종을 앞둔 환자들이 두려워하는 것은 죽음 자체가 아니라 죽은 뒤에 사람들로부터 잊혀지는 것임을 알게 되었다. 그래선지 내가 다니던 호스피스센터의 로비 게시판에는 '우리는 당신을 잊지 않겠습니다'라는 글과 살아 있을 때 찍은 환자들의 사진이 붙어 있었다.

　　중세 시대에도 그랬다. 당시 왕이나 귀족은 궁정화가에게 자신의 초상을 그리게 하여 후세 사람들이 자신을 잊지 않도록 했다. 서민들도 그 같은 염원이 있었으나, 그들은 화가에게 지불한 돈이 없어 초상화를 남기기 어려웠다. 그러다가 19세기

초, 프랑스 출신의 니엡스가 세계 최초로 사진 촬영에 성공하면서 '자신의 모습을 남기고 싶다'는 서민들의 꿈이 실현되기에 이르렀다. 사람들은 너도나도 사진관을 찾아 초상사진을 찍었다. 그래서 카메라 발명 초기에는 사진사들이 큰돈을 벌었다고 한다.

1888년 코닥에 의해 소형 카메라가 만들어지고, 이어 셀룰로이드 필름의 발명으로 카메라가 크게 보급되었다. 이제는 사진사에게 부탁하지 않고도 스스로 초상사진을 남길 수 있게 되었다. 이 같은 현상은 우리나라 역시 다르지 않다. 아마도 아이의 백일이나 첫돌, 그리고 집안에 행사가 있을 때 동네 사진관에 가서 기념사진을 찍었던 기억이 있을 것이다.

나 역시 아이가 어렸을 때 사진을 많이 찍어주었다. '이런 사진을 함께 공유하면 어떨까' 하는 생각에서 직장에 다닐 때 사진동호회 결성을 주도하기도 했다. 김한용 사진작가를 초대하여 사진 강좌도 진행했고, 회사 회의실을 빌려 사진 전시회도 열었다. 당시에는 디지털카메라가 나오기 전이어서 카메라 가격이 제법 비쌌다. 그때 유행했던 사진기로는 캐논 A1, 니콘 F2 등이 있다. 당시만 해도 사진을 현상하고 인화하는 데 돈이 많이 들어서, 사진 찍기는 고급 취미에 속했다.

1990년대 들어 디지털카메라가 발명되고, 1995년 마이크

로소프트사에 의해 컴퓨터 운영체제인 윈도우 95가 나오면서 누구나 사진을 컴퓨터에 보관하고 감상할 수 있게 되었다. 이런 편리성 때문에 디지털카메라가 인기를 끌며, 필름카메라 수요는 급속히 줄어들었다. 사진을 찍는 인구가 급격히 늘었음은 물론이다. 현재 사진을 취미로 하는 우리나라 인구는 거의 천만 명에 달한다고 한다.

공기업 임원을 하다가 은퇴한 친구가 있다. 그에게 난 미술을 같이 배우자고 제안했다. 그는 처음에 미술을 배운 적이 없다면서 고사했지만, 거듭된 나의 제의로 함께 문화센터 유화반에 등록했다. 미술 감상을 꽤 오래해서 이론에는 밝았으나, 이것과 그림 그리기는 별개였다. 그림을 꽤 그렸다는 사람들의 작품을 보니 별로 신통치 않았다. 그림 한 점을 그리는 데 시간이 꽤 걸린다는 것도 마음에 걸렸다. 완성된 그림을 보관하는 일도 만만치 않았다. 나는 꾀를 내었다. 1초 안에 그리는 그림을 생각한 것이다. 바로 사진이었다.

마침 분당에서 가까운 신구대학에 원로 사진작가 홍순태 교수가 가르치는 강좌가 있어 등록하고, 다시 사진을 배우기 시작했다. 학기를 마칠 무렵, 전시회 얘기가 들려왔다. 누구도 예외 없이 무조건 작품 한 점을 내야 했다. 나는 아이의 도움을 받아 작품 한 점을 제작했다. 전시회를 찾은 지인들은 작품이 꽤

찮다며 나를 치켜세웠지만, 사실 좀 부끄러웠다. 전시회를 통해 자극을 받은 나는 적당히 해서는 안 되겠다는 생각에 사진 역사를 비롯해 여러 사진가들의 작품을 공부하기 시작했다. 일찍부터 미술을 섭렵했던 것이 사진 공부에 큰 도움이 되었다.

사진 전시회도 많이 다녔다. 그중 인상 깊었던 건 '유섭 카쉬'와 '앙리 카르티에 브레송'의 사진전이었다. 카쉬는 터키에서 태어나 캐나다로 이민 온 인물사진가다. 유명한 사진가가 되려면 유명한 사람을 찍으라는 말도 있지만, 그는 유명한 사람을 많이 찍었다. 오히려 유명한 사람들이 그의 명성을 듣고 그에게 사진을 찍으려 했는지도 모를 일이다.

2009년 3월부터 두 달간 '예술의 전당'에서 카쉬의 사진전이 열렸다. 그의 작품을 보면서 '어쩌면 저렇게 인물의 특징을 잘 뽑았을까' 놀라움을 금치 못했다. 사진작가가 하는 일이란 게 바로 그것이다. 인물은 원래 비대칭이기 때문에 어느 각도에서 찍는지에 따라 사진이 많이 달라진다.

앙리 카르티에 브레송의 사진전은 정말 우연히 봤다. 친척을 만나러 뉴욕에 갔다가 뉴욕현대미술관에 들렀는데, 마침 그곳에서 브레송 사진전을 하고 있었다. 나는 같이 갔던 조카에게 '이 전시회를 본 것만으로도 뉴욕에 온 본전을 다 뽑았다'고 얘기했다. 정말 그랬다. 오랫동안 그의 작품을 감상하고 나오면서 제법 무거운 그의 전시도록도 하나 샀다.

브레송은 1952년 선보인 사진집에 '결정적 순간'이란 타이틀을 붙여, 이 표현을 유행시킨 인물사진가다. 그가 유명하게 된 것은 제2차 세계대전이 끝나고 동료였던 로버트 카파, 데이비드 시무어, 조지 로저 등과 사진클럽 '매그넘'을 만들고부터다. 그는 직접 전쟁에 참전하고 포로가 되기도 했으며, 레지스탕스 운동을 하며 나치 점령과 해방의 순간을 영상에 담았다.

사진의 힘은 대단하다. 2010년 12월, 튀니지에서 26세의 청년이 민주주의를 부르짖다가 사망하는 일이 벌어졌다. 그의 사촌은 이 모습을 휴대전화로 찍었고, 이 영상은 해외에 알려졌다. 이 일은 재스민 혁명의 도화선이 되었다. 독재정권이 물러난 자리에 민주 정부가 들어섰으니, 청년의 희생은 헛되지 않았다. 이 같은 현상은 이웃 나라에도 영향을 미쳐 많은 아랍 국가들이 민주화의 길을 걷게 되었다. '아랍의 봄'은 사진 한 장에서 시작되었다고 해도 과언이 아니다.

사진은 '기다림의 미학'이라고도 한다. 브레송은 사진 한 장을 찍기 위해 몇 시간이고 기다렸다. 은퇴자들에게 권하고 싶은 것도 바로 사진이다. 현직에 있었더라면 지금처럼 시간을 낼 수 없기 때문이다. 아마추어도 훌륭한 사진가가 될 수 있다. 아마추어 사진가로는 최초로 퓰리처상을 받은 아놀드 하디처

럼 말이다. 아마추어와 프로의 차이는 사진을 잘 찍느냐, 그렇
지 않느냐의 문제가 아니라 그걸 갖고 돈을 버느냐, 그렇지 않
느냐로 구분해야 한다.

나는 가끔 카메라를 들고 교보문고에 간다. 그곳에서 독서에
몰입하는 사람들을 영상에 담는다. 몰입하는 모습만큼 사람을
감동시키는 것도 드물다. 백화점이나 시장도 사진 찍기 좋은
장소다. 이웃들의 정겨운 모습, 열심히 살아가는 사람들의 모
습을 찍으며 많은 걸 느낀다.

처음 사진에 입문하는 사람들을 보면 값비싼 카메라를 사고,
카메라 기능에 연연하는 경우가 많다. 그것이 필요 없다는 말
은 아니지만, 염가의 카메라로도 얼마든지 좋은 사진을 찍을
수 있다. 하다못해 요즘은 휴대전화 카메라도 성능이 좋아, 아
이폰으로 찍은 사진으로 전시회를 열기도 한다. 문제는 카메라
가 아니라 작가의 눈이다. 사물을 보는 눈을 키우는 게 무엇보
다 중요하다.

자동차 내연기관의 구조를 배우지 않았더라도 운전을 잘할
수 있는 것처럼 카메라의 기능을 잘 알지 못해도 좋은 사진을
찍을 수 있다. 그렇다고 기능을 배우지 말라는 말은 아니다. 다
만, 카메라 기능에 밝은 것과 좋은 사진을 찍는 것은 별개의 사
항이란 얘기다.

사진 찍는 기술이 익혀지면 돈도 벌 수 있다. 국내 유명 작가들이 선호하는 사진가 중에 한 젊은 사진가가 있다. 그는 사진을 전공하지도 않았고 따로 사진을 배우지도 않았다. 그의 직업은 출판편집자다. 어릴 때부터 아버지의 사진기를 만지며 자랐다고 한다. 그가 입소문이 난 것은 문예중앙 시선집에 들어갈 시인들의 사진을 찍고 나서부터다. 요즘 국내 유수의 출판사들이 유명 작가의 책을 낼 때면 으레 그에게 프로필 사진을 의뢰한다. 자신이 원하는 일을 하며 돈도 벌 수 있으면, 그보다 좋은 일이 어디 있겠는가. 게다가 사진을 찍어주면 감사하다는 말까지 들을 수 있다.

나는 골프를 치러 다닐 때도 늘 카메라를 지참했다. 그곳에서 샷을 하는 상대의 사진을 찍거나 경치가 좋은 곳을 배경으로 사진을 찍은 후 나중에 액자로 만들어주면 무척 좋아했다. 요즘도 나는 항상 카메라를 갖고 다닌다. 언제 내게 사진 찍기 좋은 기회가 생길지 모르기 때문이다. 이 같은 긴장감은 자칫 늘어지기 쉬운 은퇴 이후의 삶에 신선한 자극을 불어넣기도 한다.

나를 닮아선지 딸아이도 사진을 즐겨 찍는다. 요즘은 육아일기를 인스타그램에 올리고 있는데, 사람들의 반응이 좋다. 딸아이의 사진이 인기를 끌자 출판하자는 제의가 왔다. 1년간 아이를 키우며 쓴 육아일기를 사진과 함께 책으로 펴냈는데, 사람들이 많이 찾는다고 한다. 이처럼 자신의 가족을 모델로 사진을 찍는 것도 한 방법이다.

사진 찍는 기술을 늘리기 위해선 한 컷 찍을 때마다 '왜 이 사진을 찍는지' 생각해보면 좋다. 또는 사진을 찍고 나서 스토리를 만드는 것도 필요하다. 그럴 때 사진은 힘을 얻게 된다. 시간 여유가 많은 은퇴자에게 사진 찍기는 정말 좋은 취미활동이라고 생각된다. 물론 은퇴를 준비하는 사람에게도 사진 배우기를 권하고 싶다.

7

오래될수록
그 가치가
높아지는 것

◆　　　◆

◆

　　　　직장생활을 할 때 회식을 하면 대개 소주나 맥주를 마셨고, 조금 여유를 부린다면 위스키 정도가 추가되었다. 가끔 와인을 마실 때도 있었지만, 그때만 해도 와인은 비싸기도 하거니와 생소한 술이었다.

　은퇴 준비를 하며 와인도 알아야겠다는 생각이 들었다. 마침 현대백화점 문화센터에 와인 강좌가 있어 수강 신청을 했다. 강사는 와인 수입업체의 Y 사장이었다. 그는 해운회사에 입사하여 샌프란시스코 주재원으로 3년 정도 일하면서 와인에 처음 눈떴다고 한다. 일본 커피업계에서 유명한 호리구치 토시히

데가 무역상사 메카 주재원으로 근무하다가 일본으로 돌아와 커피 사업을 하게 된 동기와 흡사했다.

과거 외화가 부족한 시절에는 정부가 나서서 불필요한 소비 재 수입을 적극적으로 막았다. 그러다가 88서울올림픽을 앞두고 1987년에 와인 수입이 허락되었다. 그때 Y 사장이 창업한 회사를 비롯하여 11개 회사가 와인 수입면허를 취득했다.

와인은 다른 식품과 달리 오래 보관할수록 가치가 높아지는 상품이다. 그래서 와인은 빈티지와인의 원료가 되는 포도를 수확한 연도를 따진다. 물론 오래되었다고 꼭 좋은 것은 아니다. 그해 작황이 좋아 품질이 우수한 와인이 생산되었다면 그 이전에 생산된 와인보다 값이 올라갈 수 있다. 그리고 몇 년간 숙성된 와인이라 하더라도 가장 좋은 맛을 내는 시기가 따로 있다. 그 시기가 지나면 오히려 맛이 떨어질 수도 있다.

와인 사업은 '롱 텀Long Term 비즈니스'다. 와인을 생산하려면 포도나무를 심고 최소한 20년은 기다려야 한다. 그리고 와인을 만들더라도 오랜 숙성기간을 거쳐야 제 맛을 낼 수 있기 때문에 자본이 영세한 사람은 와이너리포도주 양조장를 운영하기 어렵다.

또 와인을 수입해도 그것을 소비할 주체가 없다면 사업이 번창할 수가 없다. 아는 만큼 보인다는 얘기도 있듯이, 먼저 소비자에게 와인 마시는 법을 가르쳐야 할 필요가 있었을 것이다. 이를 위해 Y 사장은 매주 1회, 와인 수업을 진행했다고 한다.

와인 강의는 책이나 말로만 진행될 수는 없다. 시음을 통해 그 맛을 익혀야 한다. 시각장애인에게 수박이 어떤 식품인지 알려준다고 하자. 말로 그 모양이나 맛을 설명하면 시각장애인이 이해할 수 있을까? 이때는 그 자리에서 수박을 직접 잘라 먹어보게 하는 게 가장 좋은 방법이다. 와인도 마찬가지다.

Y 사장은 강의 도중에 제법 비싼 와인을 가지고 와서 시음을 시켜주었다. 얼마 안 되는 수업료를 내고 호강을 한 셈인데, 어쨌든 그 덕분에 와인의 기초를 쌓을 수 있었다. 그 뒤 나는 우리나라에 소개된 와인 관련 책을 사서 읽으며 와인 공부를 계속했다.

한번은 와인 동호인들에게 꽤 알려진 클럽에 가입하기로 마음먹고, 클럽 가입 신청서를 메일로 보냈다. 얼마 뒤 우리나라에서 처음으로 와인을 개발한 L 회장으로부터 연락이 왔다. 그의 추천으로 클럽 가입이 승인되었다. 기업체 임원, 병원장, 변호사 등 나이가 지긋한 분들로 구성된 동호회는 매달 한 번씩 모여 와인을 시음하며 서로의 의견을 나누었다. 그 모임을 통해 나의 와인 지식도 늘어갔다. 노년의 백발과 깊게 파인 주름에서 인생의 깊이가 느껴지듯이, 오래된 와인에서도 묵직한 맛과 향이 느껴졌다.

와인 강좌와 동호인클럽 활동을 통해 어느 정도 기초를 다진 나는 틈틈이 자료를 보며 와인 지식을 늘렸다. 커피업계를 시찰하러 일본에 갔을 때도 서점에 들러 와인 서적을 사오기도 했다. 와인을 알게 되면서 다른 술은 멀어졌다. 그만큼 와인이 나의 생활에 큰 비중을 차지했다.

직장을 그만두고 분당에 고전음악 카페를 열었을 때다. 인근에 와인 숍이 생겨 찾아갔다. 주인은 제일모직에서 오랫동안 근무하다가 퇴직한 B 사장이었다. 수인사를 나누다보니 나의 대학 친구와도 잘 아는 사이였다. 그 역시 재직 중에 와인을 접했다는데, 퇴직 후에 아예 와인 사업을 시작한 것이다.

은퇴 이후에는 그처럼 자기가 잘 알거나 좋아하는 분야를 찾아 창업하는 것이 좋다. 그래야 성공할 가능성도 높고, 설령 실패하더라도 후회가 없는 법이다. 당시 나는 분당 FM방송에서 프로그램을 진행하고 있었는데, 그를 초청하여 한 시간 동안 얘기를 나누며 와인 정보를 청취자들에게 알려주었다.

체코문화원 주최로 성남아트센터에서 '체코 음악회'가 열린 적이 있다. 음악회가 끝난 후 다과를 나누며 참석자들과 파티를 즐겼다. 그때 체코문화원장에게 몇 마디 건넸다. 체코 작곡가 레오시 야나체크의 음악을 좋아한다고 했더니, 문화원장이 반색하며 나를 반겼다. 그는 '체코에는 야나체크 말고도 드보르작이나 카프카 등 문화예술인이 많다'고 덧붙였다.

외국에서 자기 나라를 화제로 말을 걸어오니 문화원장으로서 그보다 반가운 일이 어디 있겠는가. 우리는 체코의 와인에 대해서도 이야기를 나누었다. 영어를 잘한다고 해서 미국인과 대화를 나눌 수 있는 건 아니다. 적어도 미식축구 등 그 나라의 고유문화를 이해하고 있어야 말이 통한다.

아직 국내에는 와인을 즐기는 사람들이 많지는 않다. 가격이 터무니없이 비싼 경우도 있다. 와인에 붙는 세금이 너무 높은 것도 해결해야 할 과제다. 다행히 과거에 비해 와인을 좋아하는 사람이 늘어나고, 와인 가격도 합리적인 선으로 내려오고 있다. 주위를 보면 와인을 좋아하는 사람이 있는가 하면, 그렇지 않은 사람도 있다. 어떤 사람은 다른 술을 좋아하기도 하고, 아예 술은 입조차 대지 않는 사람도 있다. 만일 당신이 와인을 즐길 수 있다면, 인생을 살아가는 또 하나의 재미를 갖고 있는 것이다.

8

우리가
잃어버린
천재 화가

◆　　　◆

◆

　　　금융회사 비서실에 근무할 때다. 하루는 사장이
부르더니 그림 한 점을 사오라고 지시했다. 미술 지식이 전혀
없었던 나는 인근 화랑의 화상이 권하는 그림을 그냥 사왔다.
문제는 그다음이었다. 사장이 그림을 보며 이것저것 묻는데,
나는 뭐 하나 제대로 대답하질 못했다. 그때 사회생활을 하려
면 그림도 좀 알아야겠다는 생각이 들었다.
　다음 날, 이웃에 사는 김호걸 화백을 찾아갔다. "그림 공부를
하고 싶은데, 어떻게 하면 좋겠습니까?" 김 화백은 그림을 많
이 보라고 조언하면서, 특정 화가의 그림을 오랫동안 지켜보라

는 얘기도 덧붙였다. 무식한 사람이 용감하다는 말도 있지만, 그날부터 난 틈만 나면 그림을 보러 다녔다.

막연히 그림만 보러 다닌 건 아니었다. 전시장에 나와 있는 화가에게 작품의 의도도 물어보고 부지런히 도록도 모았다. 몇 년이 흐르자 신기하게도 그림을 보는 눈이 떠졌다. 그림을 보면 누구의 작품인지 알게 되었고, 작품의 우열도 나름대로 구분할 수 있게 되었다.

그림을 보는 일이 재미있어지자 이론과 미술사 쪽으로도 관심이 생겼다. 나는 환기미술관에서 미술이론 전문프로그램 과정을 이수했고, 리움미술관에서 도슨트 공부를 했으며, 서미갤러리에서 큐레이터 과정을 마쳤다. 한때는 '미술관을 운영해볼까' 해서 대학원에 개설된 박물관.미술관학 과정에 다니기도 했다.

은퇴 후 제일 먼저 갔던 곳도 과천의 국립현대미술관 도서관이었다. 한동안 이곳으로 출근하며 보고 싶었던 미술 관련 책을 실컷 보았다. 누가 시켜서 했다면 이렇게 부지런히 다닐 수 있었을까? 그저 미술을 감상하는 게 좋아서 다닌 것뿐이다. 요즘도 한 달에 몇 번씩 전시회를 찾는다.

얼마 전 우연히 어느 화가의 전시회 소식을 들었다. 나름 우리나라 미술 시장과 화가들의 면면에 대해 꿰고 있다고 생각했는데, 전혀 들어보지 못한 이름이었다. 2016년 초에 국립현대미술관 덕수궁 관에서 열렸던 '변월룡' 전이 바로 그것이다. 관람하기에 앞서 이번 전시를 성사시킨 문영대 박사가 쓴《우리가 잃어버린 천재 화가, 변월룡》을 단숨에 읽었다.

변월룡은 엄밀히 얘기하면 한국인이 아니다. 러시아 연해주에서 태어난 고려인옛 소련 지역에 거주하는 한민족 동포를 일컫는 말이다. 자식만은 부모 세대와 다른 삶을 살기를 바랐던 그의 어머니는 어려운 형편에서도 그를 블라디보스토크의 10년제 학교에 입학시켰다. 어렸을 적부터 그림에 솜씨를 보인 그는 학비를 벌기 위해 출판사에서 틈틈이 삽화를 그렸는데, 자신의 삽화가 그려진 교과서로 공부했다는 에피소드도 있다. 졸업 후 출판사 일을 계속했으나, 그의 솜씨를 아는 이웃들이 유학을 권하며 십시일반으로 돈을 모아 그에게 주었다. 출판사 사장도 계속 삽화를 주문하겠다며 그를 격려했다. 주위 사람들의 도움으로 우랄 지역의 스베르들로프스크지금의 예카테린부르크 미술학교에 진학하게 된 그는 실력이 쟁쟁한 학생들 틈에서 악착같이 공부에 매진했다.

3년 과정의 스베르들로프스크 미술학교를 우수한 성적으로 졸업한 그는 교수의 추천을 받아 레닌그라드 예술학교훗날 '레핀 미술아카데미'로 이름을 바꿈에 입학하여, 그곳에서 학부와 대학원 과정을 마쳤다. 레닌그라드 예술학교는 명실공히 러시아 최고의 고등미술교육기관이었다. 그곳에서 그는 1학년 때 평생의 동반자가 될 동급생 제르비조바를 만났다.

대학원을 졸업한 변월룡은 레핀미술아카데미 데생과 조교수로 임용되었고, 2년 후인 1953년에는 부교수로 승진했다. 같은 해, 그는 소비에트 정부의 명령에 따라 북한에 파견되었다. 북한에서 그가 한 일은 평양미술대학의 학장 및 고문을 맡아 대학의 재건에 힘쓴 것이다. 모든 것이 부족한 시기였지만, 그가 가장 안타깝게 생각한 것은 교수들의 역량이 부족하다는 점이었다.

당시 대부분의 교수들은 일제강점기 시절 일본에서 공부한 사람들이었는데, 유학 기간이 너무 짧았다. 소련만 해도 보통 14~15년을 공부한 후에야 교수로 임용되는데, 그들은 고작 3~5년 공부하고 교수가 되었으니 명색만 교수일 뿐 학생들을 가르칠 입장이 못 되었다. 그는 교수들의 자질을 높이는 데 힘썼고, 교수들도 기꺼이 그를 따랐다.

그렇게 1년여 동안 생활하면서 너무 무리했는지, 병에 걸려 몸져눕고 말았다. 소련으로 되돌아간 그는 병이 완치되자 미술교재 등을 챙겨 북한에 다시 가려 했다. 하지만 초청장이 오지 않았다. 자세한 내막은 알 수 없으나 아마 그가 알던 사람들이 김일성에게 숙청된 연안파가 대부분이었고, 또 그가 북한으로 귀화하지 않았다는 정치적 이유가 작용한 듯하다. 결국 그는 북한 땅을 다시 밟지 못하고, 레핀미술아카데미 정교수로 학생들을 가르치다가 1990년 74세의 나이로 운명한다.

변월룡의 존재가 세상에 알려진 것은 한 미술사학자의 공이 크다. 바로 《우리가 잃어버린 천재화가, 변월룡》의 저자 문영대다. 러시아 유학을 떠난 그는 1994년, 국립러시아미술관에서 '뻰 봐를린'이란 화가의 작품을 우연히 보게 되었다. 이름은 생소했지만 그림에서 한국적인 정서를 발견하고 단번에 작가가 한국인임을 확신했다. 그는 레핀미술아카데미의 이클림 교수를 만나 '뻰 봐를린'에 대해 물었다. 그가 생각한 대로였다. '뻰 봐를린'은 변월룡의 러시아식 발음이었다. 그는 이클림 교수를 통해 드라마 같은 그의 일대기를 들을 수 있었다. 그리고 이클림 교수의 소개로 변월룡의 가족도 만났다.

귀국 후 문영대는 변월룡의 전시회를 추진했다. 그러나 가족을 설득하는 일이 쉽지 않았다. 우여곡절 끝에 2005년 광복 60주년을 맞아 한국에서 전시하기로 가족의 승낙을 받아냈다. 전시 준비를 위해 그는 세 차례나 러시아를 방문하며 계획을 추진했다.

그러나 전혀 생각지도 못했던 문제가 발생했다. 당시 정부는 북한과 광복 60주년 문화행사 전반을 협의하고 있었는데, 북한에서 그의 전시를 반대한 것이다. 결국 변월룡은 남과 북에서 버림받은 비운의 화가가 되고 말았다. 북한에서 민족의 배신자로 낙인이 찍혔다면, 남한에서는 초대받지 못한 손님이 된 것이다.

그로부터 7년이 흐른 2012년, 문영대는 변월룡에 대한 책을 썼다. 내가 여기 쓴 글들은 그의 책과 전시도록을 참고한 것이다. 전시회 대신 책을 쓰면서 그가 얼마나 안타까워했을지 짐작이 간다.

전시가 끝나는 날, 미술을 전공한 큰아이와 덕수궁 미술관을 찾았다. 사진으로만 보다가 직접 그림을 보니 감동이 더했다. 레핀미술아카데미 출신이라 그런지, 그의 그림은 전반적으로 사실적인 인물화를 그린 레핀과도 많이 흡사했다. 레핀을 비롯한 러시아 사실주의 인물화 전시는 2007년 예술의 전당에서 개최한 바 있다.

전시를 보며 자랑스럽고 부끄러운 생각이 동시에 들었다. 한국인 최초로 러시아 최고 미술학부의 교수가 된 그가 자랑스러웠고, 그럼에도 불구하고 그의 존재를 몰랐다는 것이 부끄러웠다. 우리나라 미술사학자들이 한국미술사를 다시 써야겠다는 생각이 든다.

미술 동호인의 한 사람으로서 변월룡의 존재를 알려준 문영대 박사에게 고마움을 느낀다. 한편, 변월룡은 늦게라도 존재가 알려졌지만 아직도 이름이 알려지지 않은 화가들이 있는 건 아닌지 조바심도 생긴다.

내가 미술 감상에 취미를 갖게 된 것은 전적으로 내게 그림을 사오라고 시킨 금융회사 사장의 영향이 컸다. 그런 일이 없었더라면 이렇게 좋은 취미를 갖지 못했을 것이다. 우리는 살면서 우연한 기회에 여러 가지 일들을 체험한다. 그 순간을 그냥 지나치지 말고 사물에 좀 더 관심을 갖는다면 우리의 인생 2막이 달라질 수도 있다. 내 경우엔 그것이 미술이었다.

9

인간은
죽을 때까지
성장하는 존재

오래전부터 간간이 글을 써서 컴퓨터에 저장해놓았는데, 관리를 잘하지 못해 그냥 사장되고 말았다. 그러다가 10여 년 전에 우연히 블로그의 존재를 알게 되었다. 1997년, 미국에서 처음 등장한 블로그는 '웹web 로그log'의 준말로, 일지 형식으로 되어 있어 그런 이름이 붙었다. 누구나 자유롭게 자신의 생각을 다른 사람들과 공유할 수 있는, 아주 좋은 매체라고 생각한다. 마침 《중앙일보》를 구독하고 있어 자연히 신문사에서 제공하는 블로그를 이용하고 있다. 2004년도에 시작했으니 벌써 10년이 훨씬 넘는다.

블로그를 만든 이유는 내가 쓴 글을 보관하고 관리하기 위함이었다. 글을 써서 블로그에 올려놓으면 나중에 언제 어디서든 다시 수정할 수 있고, 주제별로 나누어 보관해놓으면 찾기도 좋았다. 처음에는 내가 쓴 글만 올렸는데 나중에는 글 쓸 때 참고할 만한 정보나 기사도 올렸다.

자신의 글을 남들과 공유하는 블로그의 특성 때문인지 글을 쓰면 하루에 몇 사람씩 나의 블로그를 방문했다. 물론 나도 다른 사람들의 블로그를 방문하곤 했다. 시간이 지나면서 블로그 방문객이 조금씩 늘어났다. 특히《중앙일보》는 블로그 글들 중 일부를 자사의 인터넷판에 게재했는데, 그런 날이면 많은 사람들이 나의 블로그를 찾아왔다.

어느 날은 나의 블로그를 방문한 사람이 2만 명을 넘었다. 깜짝 놀라 웬일인가 살펴보니 내가 썼던 글 하나가《중앙일보》인터넷판에 실려 있었다. 1만 명이 넘는 사람이 내 글을 클릭해서 읽은 것이다. 댓글들 중엔 나의 글을 보고 본인의 진로를 정하는 데 많은 도움이 되었다며 감사인사를 한 사람도 있었다. 이렇게 방문객 수가 늘어나니까 책임감이 생기고, 글을 더 잘 써야겠다는 생각도 들었다.

지인의 소개로 수필가 손광성 선생이 지도하는 글쓰기 반에 들어갔다. 그분은 글도 잘 썼지만 그림 솜씨가 보통이 아니었다. 가끔은 신이 불공평하다는 생각이 든다. 어느 한 사람에게 여러 가지 재주를 몰아주니까 말이다. 한동안 그에게서 글쓰기를 배웠다. 언젠가 강의가 끝나고 그를 차로 모셔다 드리면서 그림 그리는 재주가 없음을 탓했다. 그랬더니 그는 재주가 많은 사람은 깊이가 없다면서 꾸준히 노력하라고 격려해주었다. 돌아오면서 그 말을 몇 번이나 되새겼다.

한번은 책을 보다가 '작가란 누구인가' 하는 말이 눈에 들어왔다. 직장인이 매일 출근해서 일하고 주부가 매일 가사를 돌보듯, 작가란 매일 글을 쓰는 사람이라는 것이다. 그날부터 매일 한 편씩 글을 쓰도록 노력했다. 글을 쓴다는 것이 쉬운 일은 아니다. 어떤 때는 술술 문장이 잘 풀리다가도 또 어떤 때는 아무리 노력해도 글이 써지지 않는다. 매일 한 편씩 쓴다고 나와 약속했지만, 참 고역이었다. 하지만 나와 한 약속인데 그냥 어길 수는 없었다.

2012년 가을, 광고 하나가 신문에 났다. '은퇴 후 생을 마감하기까지 우리에게 8만 시간이 주어지는데 그 시간을 여하히 보낼 것인가' 하는 주제로 보건복지부와 국민연금이 공동으로 에세이를 공모한 것이다. 응모할까 말까 주저하다가 마감 하루 전날에서야 평소 내 생각을 글로 옮겨 응모를 했다. 발표 하루 전날, 국민연금 관계자에게서 전화가 왔다. 나의 글이 대상에

뽑혔다는 것이다. 기뻤다. 우선 스승인 손광성 수필가에게 이 소식을 알렸다.

어느 날 출판사 한 곳에서 제안이 왔다. 블로그에 올린 글을 보았는데 출판하고 싶다는 내용이었다. 며칠 뒤 편집자와 만나 출판계약을 맺고 글을 쓰기 시작했다. 그 뒤에도 몇 군데 출판사에서 같은 제의가 들어왔다. 이미 한 곳과 계약을 맺은 터라 완곡히 거절했다. 혹시 작가의 꿈을 갖고 있다면 블로그를 통해 자신을 알리는 것도 하나의 방법이다.

작년 여름, 은퇴 준비를 주제로 강의해달라는 요청이 와서 다녀온 적이 있다. 강의가 끝난 후 몇 사람이 찾아왔다. 그중 한 명이 내 블로그를 매일 읽고 있다는 얘기를 했다. 전혀 뜻밖의 장소에서 낯선 사람에게 이런 얘기를 듣다니……, 순간 뜨끔했다. '내가 과연 블로그 활동을 잘하고 있는 건가' 싶었던 것이다.

한번은 음악하는 후배가 내 블로그를 정기적으로 보고 있다는 말을 전해왔다. 은퇴를 앞둔 사람들을 위해 여러 가지 정보를 주제별로 분류하여 블로그에 올리고 있는데, 그 글이 좋았나보다. 또 이런 일도 있었다. 한 매체에서 베이비붐 세대를 대상으로 은퇴 준비를 할 때 참고해야 할 인터넷 사이트를 소개했는데, 거기에 내 블로그가 들어 있었다. 여러 금융회사의 은퇴연구소와 함께 말이다.

요즘도 하루 방문객이 3~4천 명에 이른다. 누적 방문객 수는 800만 명을 넘어섰다. 방문객 수가 늘어나다보니 내 블로그를 팔라는 사람도 있다. 블로그를 활용해 광고 수입을 올리는 사람도 있나본데, 아직 그럴 생각은 없다. 내가 먼저 살았던 사람들로부터 거의 공짜로 많은 지혜를 얻은 것처럼 나 또한 내 뒤를 따라올 많은 사람들에게 나의 경험을 그냥 주고 싶다.

어떤 사람이 '인간은 죽을 때까지 성장하는 존재'라고 하던데, 그의 말에 공감한다. 비록 몸은 쇠해도 지혜는 계속 늘 것이다. 오래전에 썼던 블로그의 글을 보면 유치하기 짝이 없다. 내가 그만큼 성장한 것이겠지.

일본의 유명한 판화가 가츠시카 호쿠사이는 생전에 이런 말을 남겼다고 한다. 85세가 되었을 때 그는 '70세 이전에 그린 그림은 그림도 아니었다'며 자신의 작품을 폄하했다. 그리고 임종이 다가오자 '내가 5년만 더 살 수 있다면 좋은 작품을 남길 수 있을 텐데' 하며 아쉬워했다고 한다.

요즘 들어 기력이 떨어져가는 걸 느낀다. 나이가 드니 어쩔 수 없는 현상이다. 그러나 머리는 더 맑아지고 있다. 이전에 중요하다고 생각했던 가치가 중요하지 않고, 깊이 생각지도 않았던 가치가 중요함을 느끼기도 한다. 이런 지혜도 블로그에 글을 쓰며 얻게 된 것이 아닌가 한다.

은퇴를 앞두거나 이미 은퇴한 사람들은 블로그를 통해 세상과 소통하기를, 자신의 경험을 글로 올려 남과 공유하기를 권유한다. 먼저 글쓰기는 자신의 생각을 정리하고 스스로를 성찰하는 데 많은 도움이 된다. 또한 나이가 들면 살면서 터득한 경험을 남들에게 전해주고 싶은 마음이 생긴다. 내 생각엔 블로그가 그 매체가 될 수 있다.

지금 당장 블로그 활동을 시작해보기를 권한다. 처음엔 익숙하지 않겠지만 글을 쓰다보면 차츰 익숙해질 것이다. 그래도 잘 모를 땐 주변 사람들에게 물어보라. 내게 연락해도 된다. 당신의 블로그 활동을 적극 응원한다.

10

살면서
한번 해볼 만한
멋진 일

◆   ◆

◆

　　청소년 시절에 방송인을 꿈꿨었다. 대학에 다닐 때는 틈을 내어 성우 공부도 했었다. 한때는 무교동 음악다방에서 디제이DJ를 하며 학비를 번 적도 있었다. 뮤직 박스에 앉아 손님들의 신청곡을 사연과 함께 들려주는 재미도 괜찮았다. 그러나 그 꿈은 대학을 졸업하고 금융회사에 취업하면서 자연스레 접혔다.

　　오랜 세월이 지난 후 직장에 사표를 냈다. 지역 사회를 위해 내가 할 수 있는 일이 무엇일까 고민해보았다. 어느 날 '분당FM'이라는 커뮤니티 라디오에서 방송 진행자를 모집한다는 광고를 보았다. 오래전의 꿈이 되살아났다. 나는 서류를 갖추어 지원했다.

방송국 대표와 인터뷰하는 날, 당시 대표는 KBS 도쿄특파원을 지냈고 뉴스 앵커를 역임했던 정용석 씨였다. 그가 전에 방송을 한 경력이 있느냐고 물었다. 나는 없다고 답했다. 다만, 대학 다닐 때 음악다방에서 디제이를 한 적은 있다고 했다. 그 랬더니 '그땐 음악다방 디제이가 인기였지요' 하며 웃었다. 그 경력이 인정되어 무사히 시험을 통과할 수 있었다.

합격하고 한동안은 방송 진행에 필요한 교육을 받았다. 나중에 알고 보니 방송 진행자 대부분이 전직 방송인이었다. 첫 방송일, 집에서 미리 준비를 했음에도 실수가 많았다. 녹음을 다시 들어보니 쥐구멍에 들어가고 싶은 심정이었다. 방송국에 피해만 주는 게 아닐까, 차라리 그만두는 게 낫지 않을까? 내 고민을 눈치 챈 방송국 선배가 처음에는 모두 그랬다며 차차 나아질 거라고 격려해주었다.

두 번째 방송도 실수연발이었다. 그러나 횟수가 거듭될수록 조금씩 나아졌다. 내가 담당했던 프로그램은 '동호인클럽'이라고, 지역 주민을 초청해 그들의 이야기를 들려주는 내용이었다. 방송을 하려면 먼저 방송에 출연할 게스트를 섭외해야 했다. 그다음엔 미리 만나 방송에서 나눌 얘기의 테두리를 정했다. 특별히 하고 싶은 주제도 물어봤다. 어느 정도 내용이 추려지면 시나리오를 만들었다. 그리고 방송을 하는 날, 그 시나리오에 맞춰 대담하는 것이다.

커뮤니티 라디오에서 방송 진행자는 아나운서, 방송작가, 프로듀서PD, 엔지니어, 이렇게 1인 4역을 해야 한다. 중앙 방송에선 역할 분담이 잘되어 있지만 커뮤니티 라디오 같은 작은 방송국에선 혼자 다 해야 한다. 이 네 가지 역할이 벅차기는 하지만 좋은 점도 있다. 남에게 신세를 지지 않아도 되고, 또한 상대와 커뮤니케이션이 잘되지 않았을 때 오는 실수가 없기 때문이다.

방송에 출연하는 게스트들 역시 처음에는 긴장해서 말을 잘하지 못한다. 그걸 잘 풀어주는 것이 방송 진행자의 역할이다. 일단 봇물이 터지면 말을 잘하게 된다. 그때부터는 그들의 말을 잘 들어주기만 하면 된다. 방송이 끝나면 대개 식사나 차를 한잔하며 방송에서 하지 못했던 뒷이야기를 나누었다.

어느 날 우연히 본 책에서 나처럼 지역 주민을 초청하여 그들의 이야기를 들려주는 방송이 미국에 있다는 것을 알았다. 반가웠다. '스토리코어스StoryCorps'라는 방송이다. 그 프로젝트는 2003년 10월 23일, 뉴욕의 그랜드 센트럴 역에서 처음 시작되었다. 당시 91세였던 세계적인 구술 전문가 스터즈 터켈

이 시카고에서 날아와 첫 테이프를 끊었다. 그는 이렇게 선언했다.

"우리는 오늘 이 순간부터 주목받지 못했던 사람들의 삶을 세상에 알릴 것입니다. 우리는 그랜드 센트럴 역에 있습니다. 우리는 이 건물을 지은 건축가가 있다는 것을 압니다. 하지만 누가 여기 철근을 박았습니까? 누가 벽돌을 쌓았지요? 바닥을 닦은 사람은 누구입니까? 오랫동안 한 번도 주목받지 못했던 이 땅의 사람들, 바로 여러분입니다. 이 부스에서 우리는 우리의 삶에 대해 말할 것입니다. 할머니가 손자에게 말할 수도 있고, 아이가 삼촌에게 말할 수도 있습니다. 이웃끼리 얘기를 나눌 수도 있지요. 그러다 어느 순간 우리는 깨닫게 될 것입니다. 우리가 바로 역사를 만들어가는 주인공임을!"

그 뒤로 세계무역센터가 있던 자리에 또 다른 부스가 세워졌으며, 일 년 내내 전국을 돌면서 이야기를 수집하는 세 개의 이동 녹음 스튜디오가 만들어졌다.

스토리코어스 프로그램에 참여하는 절차는 간단했다. 먼저 스토리코어스 녹음 부스에 방문할 날짜를 정하고, 그 날짜에 마음 편히 얘기를 나눌 수 있는 사람과 함께 찾아가면 되었다. 40분의 녹음이 끝나면 방송용 음질의 CD 두 장이 만들어졌다. 그중 한 장은 게스트가 가져가고, 다른 한 장은 의회도서관에 보관하는 용도였다. 인터뷰 가운데 일부는 매주 금요일 NPR의 '모닝 이디션'이란 프로그램을 통해 방송되었다.

스토리코어스의 창시자 데이브 아이세이는 젊은 시절에 부랑자들이 단돈 5달러를 내고 하룻밤을 보내던 뉴욕의 여인숙에 대한 라디오 다큐멘터리를 만든 적이 있었다. 그는 이 다큐멘터리를 사진과 함께 책으로 만들어 부랑자 중 한 사람에게 보여주었다. 그랬더니 그 부랑자는 덩실덩실 춤을 추면서 외쳤다. "나는 살아 있어! 나는 살아 있다고!" 그는 이 모습을 보고 충격을 받았다고 한다.

우리 가운데 자신은 눈에 띄지 않는 사람이라고 생각하고, 자신의 삶이 전혀 중요하지 않다고 느끼며, 언젠가 사람들이 자신을 완전히 잊을 거라는 두려움에 사로잡힌 사람이 있다. 그런데 자신의 이야기가 실린 한 권의 책이 그에게 어떤 충만한 존재감을 불어넣어준 것이다. 누군가에게 자신의 이야기를 들려주고, 그 이야기를 기록으로 남기는 행위는 우리가 생각하는 것보다 훨씬 큰 힘을 가지고 있다.

그들의 이야기는 놀랄 만큼 풍부하고 다양한 삶의 감동을 전해준다. 특히 9·11 테러 때 세계무역센터 건물에서 빠져나온 한 남자의 이야기는 영화만큼이나 드라마틱하다. 9·11 테러 현장에서 한 사내가 건물을 빠져나가다가 동료의 구조 요청을 듣고 다시 사지로 돌아갔다. 그 사람을 보고 옆 사람이 대체 뭘 하려는 거냐고 묻자, 그는 이렇게 대답했다고 한다. "나도 모르겠어요. 하지만 친구를 도와주러 가야 해요."

이런 사람이야말로 진정한 영웅이 아닐까? 참된 역사는 신문의 헤드라인을 장식하는 영웅이 아니라, 알려지지 않은 채 살다가 이웃을 위해 죽어간 보통 사람들 중에서 나온다. 내가 진행했던 커뮤니티 라디오 방송도 중앙 방송처럼 화려한 쇼나 유명한 사람이 나오는 건 아니었지만, 평범한 사람들이 들려주는 진솔한 이야기는 사람들을 감동시키는 데 충분했다.

노인이 세상을 떠나는 것은 도서관 하나가 통째로 불타는 것과 같다는 얘기가 있다. 사람들은 누구나 삶을 살며 터득한 지혜를 다른 사람에게 전해주고 싶어 한다. 어느 할머니가 자신의 삶을 책으로 엮으면 몇 권의 소설이 될 거라고 했다는데, 이처럼 삶은 드라마틱한 것이다. 그러나 사람마다 그 모습은 다 다르다. 아마 신이 하늘에서 내려다본다면 우리 모두의 삶이 아름다운 그림으로 보이지 않을까 생각한다.

한번은 방송을 마치고 일주일 정도 지나서 내게 전화로 연락해온 사람이 있었다. 그는 지난주에 방송했던 게스트가 자신의 첫사랑이었는데, 그녀와 만날 수 있도록 주선해달라고 했다. 어찌해야 할지 고민이 되었다. 둘 다 원하는 일이라면 좋지만,

그렇지 않다면 차라리 거절하는 게 나을 것 같았다. 다행히 그 후에 다시 전화가 오지는 않았다.

이런 일도 있었다. 지난번에 인터뷰한 사람이 자신의 중학교 동창인데 헤어진 지 거의 30년이 되었단다. 그와 연락을 취해 만나고 싶다는 얘기였다. 내가 게스트에게 전화로 이 내용을 전했더니 그도 반갑다며 연락처를 알려달라고 했다. 두 사람이 만난 건 물론이다. 이렇게 방송 진행을 하며 좋은 일도 하게 된다. 방송의 힘이 크긴 크다.

방송한 지 2년여가 지나 프로그램 개편이 있었다. 이번에는 '문화산책'이란 프로그램에서 일주일에 한 번씩 책을 읽어주는 일을 맡았다. 나는 일주일에 평균 세 권 정도의 책을 읽는데, 그중에서 좋은 책 한 권을 골라 읽어주었다. 어느 날《친구에게 가는 길》을 읽다가 약 7초간 멈추는 일이 일어났다. 감정에 복받쳐 도저히 읽을 수가 없었다. 방송에선 3초 이상 정지되면 사고가 났다고 한다. 방송이 끝난 후 녹음을 다시 들어보니 정지된 부분은 있었지만, 청취자가 모르고 지나갈 수도 있을 듯했다. 휴우, 가슴을 쓸어내렸다.

이렇게 한동안 책을 읽어주는 남자가 되어 방송을 진행하다가 지인의 소개로 시각장애인도서관의 존재를 알게 되었다. 나는 눈이 보이지 않는 사람에게 책을 읽어주는 게 방송보다 더 시급한 일이라고 생각했다. 그 뒤 개포동에 있는 하상시각장애인도서관에 가기 위해 방송 진행을 접었다. 지금도 가끔 그때 일이 생각난다. 방송 진행은 인생을 살며 한 번쯤 해볼 만한 멋진 일이다.

11

좋아하는 일하며
돈도 벌 수는
없을까?

◆　　◆

◆

　　　　사람은 모두 나이를 먹는다. 언젠가 다가올 노후, 무엇으로 나의 삶을 채울 수 있을까?

　우리는 학교를 졸업하고 직장생활을 시작하며 여러 사람들과 관계를 맺게 된다. 우선은 직장 동료, 그리고 상사와 연을 맺을 것이다. 그리고 거래 관계에 있는 상대방 회사의 직원들과도 인간관계를 맺는다. 이런 관계가 어떤 때는 스트레스를 주기도 하지만, 한편으론 도움을 주기 때문에 사람들은 가능하면 많은 사람들과 관계를 맺으려 한다. 관계를 유지하기 위해선 서로의 안부를 묻고 경조사를 챙겨주는 건 기본이다.

대부분의 사람들은 이런 관계가 평생 자신의 지지대가 되어 줄 것으로 기대한다. 그러나 이해를 바탕으로 이루어진 관계는 은퇴한 뒤엔 끊어지기 십상이다. 만남의 기회가 줄면서 차츰 서먹해지고 나중에는 모르는 사람처럼 지내게 된다.

직장생활에 전념하다보니 살고 있는 동네에는 아는 사람이 별로 없다. 은퇴한 후에야 자신의 주위에 만날 사람이 없다는 걸 비로소 깨닫는다. 그동안 소원했던 아내와 시간을 보내려 하지만 아내는 아내대로 이런저런 모임에 참석하느라 바쁘다. 남편과 아이들 뒷바라지하느라 희생했던 아내야말로 이제야 비로소 미루어두었던 자신만의 시간을 누리고 있는 것이다. 자식들도 학업이나 취업 준비에 바쁘고, 또 그들 나름대로 친구들과 교제하느라 시간이 모자라다. 언제 아버지가 그들과 살갑게 대화를 나눈 적이 있었던가. 어려서부터 그런 기억이 별로 없기 때문에 자식들도 아버지와의 대화에 부담을 느낀다. 그러다보니 이런저런 핑계를 대고 도망가기 바쁘다.

아버지 입장에서는 지금까지 열심히 직장에서 일했던 게 다 가족들을 위한 것이었지만 아이들의 생각은 다르다. 아버지가 평소 자신들의 이야기에 귀를 기울이지 않았다고 생각하는 것이다. 그래서 아버지들은 외롭다. 특히 은퇴한 아버지들은 외롭다. 좀 더 일찍 가족들과 대화하는 시간을 가져볼걸……. 후회해보지만 이젠 너무 늦은 것이 아닌가 싶다.

혼자 할 수 있는 취미를 찾는다

나는 은퇴를 준비하는 사람들에게 혼자 할 수 있는 취미를 찾아 배우라고 권한다. 예를 들면 악기 연주, 사진 찍기, 그림 그리기 같은 것들이다. 사실 어렸을 적엔 이런 것에 관심이 있었지만 학교에 들어가서 선생님의 이야기를 듣고, 사회에 진출하여 여러 사람들의 이야기에 귀를 기울이면서 어릴 적 꿈은 잊고 만다. 자신이 좋아했던 건 내면 깊숙이 가라앉고 남들이 원하는 걸 자신이 원하는 걸로 착각하고 살아간다.

호스피스 현장에서 보니까 임종 환자들이 후회하는 일 1순위가 남들이 원하는 삶을 살았다는 것이다. 그걸 임종 직전에 깨닫는다면 얼마나 안타깝겠는가. 그런데 이런저런 취미활동에 관심을 갖다보면 자신이 원했던 것이 다시 바깥으로 돌출된다. 은퇴는 일을 그만두는 것이 아니고, 지금까지 해야만 하는 일에 치우쳐 뒤로 미루어두었던 일을 하는 것이라고 생각한다.

여가나 취미활동을 익히게 되면 자연스레 관심사가 비슷한 사람을 만나게 된다. 그리고 이들과 동호회를 결성하는 등 새로운 인간관계가 형성된다. 이러한 인간관계는 가치관이나 성향이 같기 때문에 한결 돈독하다. 그리고 이해관계를 바탕으로 맺어지지 않아서 오래간다. 사람들은 기본적으로 어딘가에 소속되고 싶어 하는 욕구가 있는데, 동호회를 통해 소속감의 욕구도 충족할 수 있다.

그런데 문제는 이런 취미활동을 익히는 게 결코 쉽지 않다는 것이다. 이를 테면 악기 하나를 연주하는 게 여러 사람들의 로망이지만, 악기를 제대로 연주하려면 많은 시간을 투자해야 한다. 그림을 그리는 일도 그렇다. 그래서 재직 중에 미리 이런 취미활동을 시작하는 게 필요하다.

자신만의 목표를 세운다

그러면 어떻게 시작하는 게 좋을까? '아름다운인생학교'에서 스페인어 강좌를 진행할 때다. 학생들끼리 먼저 자기소개를 했다. 내가 과거에 무엇을 했는지 경력을 소개하지 말고, 앞으로 무엇을 할지 자신의 꿈을 얘기해보라고 했다. 어떤 사람은 그림을 배우는 게 자신의 꿈인데, 몇 년 후 전시회 여는 것까지 벌써 생각해놓았다고 했다. 너무 이르다고 판단할지 몰라도 내가 볼 때는 그 사람이야말로 자신의 꿈을 이룰 가능성이 크다. 비록 자기와의 약속이지만 그저 막연히 시작하는 것과는 질적으로 다르기 때문이다.

이렇게 자신만의 목표를 분명하게 정해놓는 게 좋다. 우쿨렐레를 배우는 학생들도 그랬다. 시작한 지 얼마 되지 않았지만, 그해 가을에 발표회를 갖기로 미리 정했다. 학생들이 1년 남짓 배운 후 무대에 서기로 한 것이다. 음악회를 연다고 하니 학생들의 열정이 보통이 아니었다. 매주 1회 강좌는 강좌대로 참석하고, 그 외 시간에 따로 모여 연습할 정도였다. 뿐만 아니라 스스로 자료를 찾아가며 공부도 했다.

이게 다 목표를 미리 정해놓았기 때문이다. 설령 무대에 올라 제 실력을 충분히 발휘할 수 없다 하더라도 학생들의 기량은 한 단계 높아졌을 거라고 믿는다. 여러분도 자신이 하고 싶다고 생각하는 걸 막연히 그리기보다는 언제, 어떻게, 무엇을 이루겠다고 미리 마음속으로 정해놓는 게 좋다. 그러면 해야 할 일이 눈에 보일 것이다.

취미를 생업으로 발전시킨 사례

취미생활을 즐기며 돈까지 벌 수는 없을까? 있다. 나의 금융업계 동료 중 한 명이 바로 그 예다. 그는 재직 중에 틈틈이 그림을 보러 다녔고, 보너스를 타면 좋아하는 그림도 수집했다. 미술품 투자야말로 매력적인 일이다. 예술가에게는 꿈과 희망을, 그리고 수집가에는 즐거움을 주기 때문이다. 미술을 좋아하던 그는 은퇴하고 청담동에 화랑을 열었다. 그의 동료들이 현직에서 물러나 하는 일 없이 놀고 있을 때, 그는 좋아하는 취미를 생업으로 발전시켜 아직도 계속 일하고 있다.

악기 연주로 돈을 버는 사람도 있다. 예전에 함께 음악활동을 했던 지인 중 한 사람은 얼마 전에 사업을 접고 동호인 몇 명과 밴드를 만들었다. 외국에 나가면 가끔 길거리에서 연주하는 모습을 볼 수 있는데, 들어보면 연주 솜씨가 보통이 아니다. 지방자치단체에서 오디션을 보고 선발하기 때문이다. 우리나라도 얼마 전에 그런 제도를 도입했다. 그도 서울시와 용인시에서 마련한 오디션을 통과한 후 가끔 길거리에서 공연을 하고, 서울시청에서 마련해준 공간에서 연주도 한다. 최근에는 홍대 부근에 있는 대안공간에서도 공연했다. 《중앙일보》에서도 그의 근황을 보도했는데, 요즘 꽤 바쁘다.

책을 좋아하던 지인은 북 카페를 운영하고 있다. 여성의류회사에서 대표로 있다가 은퇴하고 춘천에 북 카페를 오픈한 것이다. 독일 지사에 근무할 때 아내가 빵 굽는 기술을 배웠는데, 그것이 북 카페를 운영하는 데 큰 도움이 되고 있다. 요즘엔 한 걸음 더 나아가 작가로 변신했다. 저서가 벌써 몇 권이나 된다. 언제 글을 쓰냐고 물었더니 가게 문을 닫은 새벽 시간에 주로 쓴다고 한다. 게으른 사람은 시간이 없다고 하지만, 부지런한 사람은 이렇게 바쁜 와중에도 자신만의 시간을 잘 이용하고 있다.

설령 돈을 벌지 못해도 좋아하는 일을 하는 것 자체가 우리를 행복하게 한다. 개중에는 좋아하는 일을 통해 남에게 봉사하는 사람도 있다. 내 주변엔 사진동호회를 결성하여 장애인이나 노인의 인물사진을 찍어주는 사람도 있다. 아름다운인생학교에서 대가 없이 가르치는 강사도 다 그런 사람들이다. 강사들은 봉사활동을 통해 오히려 자신이 많이 배운다고 한다. 봉사는 도움을 받는 사람보다 도움을 주는 사람의 기쁨이 더 큰 법이다.

우리 인생에는 중요한 두 날이 있다고 한다. 하나는 자신이 태어난 날, 또 하나는 자신이 왜 이 땅에 태어났는지 이유를 아는 날이다. 그러나 많은 사람들이 두 번째 날의 의미는 깨닫지 못하고 운명을 한다. 직장생활을 하며 두 번째 날의 의미를 미리 생각해보는 것도 은퇴 준비를 하는 데 도움이 될 것이다.

12

천사가
주신 선물,
음악

◆　　◆

◆

어릴 적부터 음악을 좋아했지만 집에는 조그만 트랜지스터 라디오 하나뿐이었다. 당시에 삼성전자는 없었고, 금성사_{지금의 LG전자}에서 1959년부터 라디오를 만들어 보급하던 때다. 많은 가정에서 라디오에 귀를 기울이며 뉴스를 접하고 음악도 듣곤 했다. 하루는 큰형이 포터블 전축을 하나 사왔다. 어린 나로서는 원하는 곡을 임의로 들을 수 있다는 것이 신기했다. 당연히 우리 집 가보처럼 여겨졌다.

친구들과 놀러갈 때는 그걸 갖고 다녔다. 나이가 좀 있는 사람들은 바닷가에서 포터블 전축을 틀어놓고 트위스트 춤을 추던 추억이 있을 것이다. 그 포터블 전축 덕분에 클래식 음악도 많이 알게 되었다. 아쉬운 점은 소리가 모노라는 것이었다. 경제적으로 여유 있던 집은 스테레오 전축을 갖고 있었다. 당시엔 성우전자의 독수리표 전축, 천일사의 별표 전축이 유명했다. 마침 친구 집에 별표 전축이 있었는데, 그곳에 놀러가면 스피커를 통해 입체적으로 들리는 역마차의 말발굽 소리가 신기해 몇 번이나 반복해서 들었던 기억이 난다.

대학생이 되자 음악감상실을 들락거렸다. 충무로를 비롯하여 무교동, 종로에 음악감상실이 있었다. 충무로에 있던 음악감상실에는 당시 월급쟁이의 3개월 치 금액에 해당하는 스피커가 있었다. 나중에 알고 보니 그게 알텍 604-8G였다. 한 시대를 풍미했던 스피커로, 보컬 재생이 특히 우수했다. 마침 친구의 동창 중에 형님이 오디오상을 하던 사람이 있어, 그를 통해 오디오에 대한 상식을 익혔다. 친구는 그의 권유로 AR 스피커를 구입해 들었다. 구석방에 앉아 그 조그만 스피커에서 나오는 소리를 들으며 얼마나 좋아했던가.

1970년대 들어 우리나라 경제가 고도성장을 하며 국민들의 살림살이가 나아지자 가정에서도 하나둘 오디오 시스템을 장만하기 시작했다. 이제는 음악감상실에 가지 않아도 집에서 음악을 감상할 수 있게 된 것이다. 시내에 있던 음악감상실은 경영난을 이기지 못하고 문을 닫았다. 지금은 대구의 하이마트나 녹향 같은 곳을 제외하고는 음악감상실이 자취를 감추었다.

취업해서 경제적으로 여유가 생기자 나도 오디오 시스템을 하나 구입했다. 스캇SCOTT이란 브랜드로, 해외로 수출하던 인켈의 리시버 스타일 전축이었다. 중학교 때 접했던 별표 전축이나 독수리표 전축보다 디자인이 세련되었고 소리 또한 좋았다. 퇴근한 뒤엔 곧장 집으로 와서 음악을 듣곤 했다. 충무로나 롯데백화점에서 LP판을 몇 장 사들고 올 때면 마치 내가 부자나 된 듯 뿌듯했다.

뿐만 아니라 회사에서도 음악동호회를 조직해 유명한 해외 오케스트라가 오면 동료들과 함께 감상하러 갔다. 물론 서울시향이 연주할 때도 자주 갔다. 서울시향은 KBS교향악단과 더불어 우리나라 최고의 교향악단이다. 세종문화회관에서 서울시향의 연주를 감상한 후 직장 동료와 중국집에 둘러앉아 뒷이야기를 나누었던 기억이 아직도 삼삼하다.

특히 생각나는 동료가 한 명 있다. 애주가였던 그는 조그만 술병을 하나 뒷주머니에 넣고 들어가 제일 뒷좌석에 앉아 술을 한 잔씩 하며 음악을 즐겼다. 옛날 19세기에 유럽의 귀족들이 궁정악단들에게 풍악을 울리게 하고 음식을 들었다는데, 그도 그걸 좋아했던 모양이다.

직장 내에서 고전음악에 관심을 가지는 이들이 하나둘 생겨났다. 배고픈 시절에는 먹고살기 급급해서 관심이 없다가 이제 밥 먹고 살 만하니까 고전음악도 알고 싶은 것이다. 그들에게 서양음악사에 대한 개요를 설명하고 오디오를 구입할 때 주의할 팁도 알려주었다.

하루는 그들 중 한 명이 내게 물었다. "음악홀에서 고전음악만 들으면 잠이 쏟아져요. 어쩌면 좋죠?" 내 대답은 이랬다. "음악을 들으며 잘 수 있다는 게 얼마나 좋은 일인데……, 졸리면 그냥 자도 돼. 다만, 옆 사람에게 방해가 되어선 안 되겠지." 그에게 골드베르크 변주곡의 뒷이야기를 해주면 겸연쩍어하며 좋아했다.

강남지점장으로 근무할 때, 입점해 있던 빌딩의 주인이 오디오 마니아였다. 그가 소유한 LP는 3만 장이 넘었다. 주변 사람들의 말로는 KBS와 MBC를 제외하면 우리나라에서 LP를 제일 많이 보유한 사람이라고 했다. 나는 틈나는 대로 그와 음악 이야기를 나누었다. 때때로 그는 충무로에서 귀한 음반을 사올 때면 여분으로 2~3장을 사서 내게 주었다.

어느 날, 그의 초대를 받고 집을 방문했다. 방마다 도서관 서가처럼 가구를 짜서 LP를 진열해놓은 모습이 인상적이었다. 그는 두 아들이 음악을 좋아하는 며느리를 데려오기를 소망했다. 왜냐하면 아들이 LP를 그리 좋아하지 않았기 때문이다. 만일 아이들이 음악을 좋아하지 않으면 사후에는 방송국에 기증할 뜻을 비쳤다.

분당으로 이사 와서 얼마 되지 않아 인근에 중고 오디오상이 하나 문을 열었다. 참새가 방앗간 앞을 그냥 지나치지 못한다고, 하루는 그곳에 들렀다. 스피커를 구경하다가 알텍 604-8G를 발견했다. JBL 4344와 탄노이 GRF 메모리도 있었다. 모두 한때 명기라고 불리던 스피커들이다. 음악대학에 다니는 딸아이와 함께 가서 세 개의 스피커 소리를 비교해보았다.

탄노이 GRF 메모리는 클래식을 감상하기에 좋았다. 특히 현의 소리가 우수했다. 알텍 604-8G와 JBL 4344는 소리가 비슷했다. 하긴 이름만 달랐지, 같은 사람이 설계한 것이니 소리가 흡사할 수밖에 없을 것이다.[1] 그러나 보컬과 피아노 소리는 알텍이 한 수 위인 듯했다. 딸아이와 의견을 나눈 뒤 우리는 알텍을 선택했다.

오디오 서적을 보니 알텍은 알리코 자석을 쓴 마지막 세대였다. 아프리카 앙골라 사태로 더 이상 코발트를 구하기 어렵게 되자 오디오 제작사는 그때부터 고급 스피커에 페라이트 자

---

1 JBL은 설계자 제임스 B. 랜싱(James B. Lansing)이 자신의 이름을 따서 명명한 브랜드며, 알텍은 그가 JBL을 창업하기 전에 근무했던 회사의 브랜드다.

석을 쓰기 시작했다고 한다. 알리코 자석은 페라이트 자석과 달리 시간이 경과해도 자력이 떨어지지 않는다. 1960년대 중반부터 알리코 자석 사용을 중단했다고 하니, 내가 산 알텍도 1960년대 초반에 제작된 것으로 추정된다.

요즘은 억대를 호가하는 스피커들도 있다. 전문가의 말을 빌리면 스피커 기술은 1940년대에 이미 완성되었다고 한다. 그 이후에는 소비자의 심리를 자극해서 소리는 고만고만한데 유명 브랜드로 각인시켜 값만 비싸게 받는다는 것이다. 얼마 전 뉴스를 보니 10억 원을 호가하는 오디오 시스템도 있었다.

사실, 오디오는 아무리 좋아도 현장 음을 100퍼센트 재생할 수가 없다. 음악 효율을 90퍼센트에서 1퍼센트 올리는 데 비용이 10퍼센트가 올라간다면, 91퍼센트에서 1퍼센트 올리는 데는 비용이 50퍼센트나 뛴다. 거기에 또 1퍼센트를 올린다면 가격이 몇 배나 비싸진다. 이렇게 고가의 오디오를 구입하기보다는 차라리 그 돈으로 음악회를 많이 가라고 권하고 싶다.

요즘엔 주로 컴퓨터를 통해 음악을 듣는다. 아무래도 책상 앞에 앉아 있을 때가 많다보니 컴퓨터가 더 편하다. 언젠가 만화가이며 클래식 음악 해설가인 신동헌 화백의 집을 방문할 기회가 있었다. 그 역시 오디오 애호가라 좋은 시스템을 갖고 있었다. 그는 나이 들고 나선 오디오보다 트랜지스터 라디오로

음악을 많이 듣는다고 했다. 아무리 좋은 오디오를 갖고 있으면 뭐하겠는가. 자주 들어야 좋은 거지.

음악은 '천사가 주신 선물'이란 말이 있다. 그 말에 전적으로 공감한다. 음악을 들으며 즐거워하지만, 때로는 마음의 상처를 치유 받을 때도 있다. 먼저 살았던 많은 분들이 당시 어려운 여건 속에서 작곡한 음악들이 마치 후손들을 위해 남겨준 선물처럼 생각된다. 오늘도 그들이 남겨준 음악을 들으며 한 편의 글을 쓴다.

13

키스보다
달콤한
커피

◆　　◆

◆

　　　새로운 것은 언제나 오해나 반발을 일으키기 마련
이다. 커피가 그랬다. 16세기, 에티오피아에서 이스탄불을 거
쳐 유럽에 유입되었을 때 사람들은 커피를 '이슬람의 와인'이
라고 배척했다. 특히 당시 교황은 커피를 '사탄의 음료'라 규정
했다. 시간이 지나면서 일부 상류층에서 커피가 소비되기 시작
했지만, 여전히 여자들에겐 커피가 금기시되었다. 이 같은 사
실은 바흐의 〈커피 칸타타〉를 들으면 알 수 있다.
　　이 곡은 커피 마시기를 좋아하는 젊은 딸 '리셴'과 이를 못마
땅하게 여기는 아버지 '쉬렌드리안'의 이야기다. 아버지는 딸

에게 커피는 해로우니 마시지 말라고 수없이 당부하지만, 딸은 "아버지, 그렇게 까다롭게 굴지 마세요! 커피를 하루에 세 잔 이상 마시지 못하면 전 고통에 차서 쪼그라들고 말 거예요" 라며 들은 척도 안 한다. 나아가 "아, 커피 맛은 정말 기가 막히지. 키스보다도 더 달콤하고, 맛 좋은 와인보다도 더 부드럽지. 커피, 난 커피를 마셔야 해. 내게 즐거움을 주려거든 제발 커피 한 잔을 따라줘요!"라며 커피 예찬론을 편다.

아버지는 딸에게 커피를 계속 마시면 산책도 못 나가게 집에 가두겠다고 위협하기도 하고, 커피를 안 마시면 예쁜 옷을 사주겠다고 달래보기도 하지만 딸의 태도는 변함이 없다. 아버지는 마지막으로 커피만 마시지 않는다면 곧 결혼을 시켜주겠다고 제안한다. 그러자 딸은 한 가지 조건을 붙여 그 제안을 받아들인다. 아버지가 신랑감을 물색하는 동안 딸은 아버지 몰래 벽보를 붙인다. 자기에게 청혼하려는 자는 언제나 커피를 마셔도 좋다는 약속을 해주어야 한다는 조건을 달아서.

바흐는 이 코믹한 칸타타 17~18세기 무렵 유럽에서 발전한 성악곡의 한 형식를 통해 고루하고 보수적인 성격의 구세대를 대표하는 아버지와 명랑하고 개방적인 성격의 신세대를 대표하는 딸의 차이점을 잘 보여주고 있다. 〈커피 칸타타〉의 첫 공연은 '콜레기움 무시쿰 음악을 좋아하는 사람들이 모여 만든 단체'이 정기적으로 모이는 커피하우스에서 이루어졌다. 거기 모인 사람들이 커피광이었던 것을 생각하면, 딸의 재치가 모든 사람들을 분명 웃게 만들었을 것이다.

그렇다면 왜 아버지는 딸에게 커피를 마시지 못하게 했을까? 지금 기준으로는 말도 안 되지만, 그 당시 사회 배경을 살펴보면 조금은 이해되기도 한다.

15세기 무렵 콘스탄티노플지금의 이스탄불에 최초의 카페가 생겨났다. 그 뒤 규모가 커지면서 실내 장식도 화려해지고 손님들을 즐겁게 하고자 각종 게임 및 음악, 댄스홀까지 마련되었다고 한다. 금욕을 으뜸으로 삼았던 이슬람 세계에서는 결코 용납되기 어려웠을 듯하다. 이슬람 신도들이 커피를 마시고 춤과 음악에 빠져 쾌락을 일삼게 되자, 카페를 대하는 시선이 차가워졌다. 결국 카페는 일제히 폐쇄되었고, 커피를 마시다 들키면 태형과 같은 벌을 받았다. 이런 억압은 오히려 사람들의 호기심을 불러일으켜, 커피는 더욱 유명세를 타게 된다.

커피는 잠을 쫓는 각성 작용이 있어 군대에서도 사용되었을 것으로 추측된다. 1683년, 터키 군대가 오스트리아에 진출했다가 패하면서 군용품을 버리고 가는 일이 있었다. 거기에 커피도 있었다. 당시 큰 공을 세웠던 병사, 게오르그 콜시츠키는 이 커피를 넘겨받은 뒤 빈 최초의 카페를 열었다. 17세기에는 다른 유럽 국가에도 카페가 문을 열었다. 1615년 이탈리아 베니스, 1644년 프랑스 마르세이유, 1651년 영국 런던에 각각 카페가 만들어졌다.

커피가 유럽에 전파된 뒤에도 커피 금지에 대한 논란은 계속되었다. 커피가 너무 빠르게 전파되었기 때문이다. 커피를 못 마시게 하는 움직임은 가톨릭 교회에서 시작되었다. 일부 가톨릭 지도자는 와인을 못 마시게 하는 이슬람교에 불만을 갖고, 이슬람교도가 마시는 커피를 마셔서는 안 된다고 주장했다. 이러한 논쟁은 16세기, 교황 클레멘트 8세에 이르러 종지부를 찍는다.

가톨릭 신자들이 이교도의 음료인 커피 음용을 금지해달라고 청원하자, 교황이 직접 마셔보았다. 아이러니하게도 교황은 그 맛에 반해버렸다. "악마가 마시는 거라지만 참으로 맛있도다! 이 맛있는 것을 이교도만 독점해서는 아니 될 것이다." 교황은 이렇게 말하면서 커피에 세례를 주고 음료로 허용하는 칙령까지 발표했다. 이 일을 계기로 커피는 유럽 전역에 확산되었는데, 처음에는 남성들만 즐겼다고 한다. 그것은 커피가 여자와 아이들에게 좋지 않다는 소문이 있었기 때문이다. 〈커피 칸타타〉에서 아버지가 딸의 커피 음용을 만류한 것도 이런 사유로 짐작된다.

남성들이 카페에 머무는 시간이 길어지자, 이번엔 가정주부들이 왕에게 카페를 폐쇄해달라는 청원을 넣는다. 커피가 남성의 정력을 상실케 하여 부부생활을 방해하고, 가정을 파괴한다는 게 이유였다. 그러자 남성들이 반발했다. 그들은 여자들의 주장은 오해이며, 커피는 오히려 부부생활에 도움을 준다는 반박문을 왕에게 올렸다. 커피 애호가였던 왕은 여성들의 주장을 기각했고, 카페는 살아남았다. 그 후 전 세계에 걸쳐 커피가 보급되며 이제는 여자들도 즐길 수 있는 대중 음료가 되었다.

우리나라에 커피가 들어온 건 고종황제 때다. 1896년, 아관파천 때 러시아 공사관으로 피신한 고종은 그곳에서 처음 커피를 마셨다. 그 후 독일인 손탁 여사가 중구 정동에 커피점을 차린 것을 시작으로 개화기와 일제강점기 시절에는 명동과 충무로, 소공동, 종로 등에 커피점이 자리를 잡았다.

나의 어머니도 1950년 후반, 명동에 커피점을 차렸다. 그때는 커피점이 아니라 다방으로 불렸다. 어머니의 다방은 명동공원과 가까운 곳에 있었는데, 많은 문인들과 화가들이 찾아왔었다. 당시엔 직업이 없어 갈 곳이 마땅찮은 사람들이 많았는데, 이들이 갈 곳이란 이런 다방뿐이었다. 물론 휴대전화도 없던 시절이라 집 밖에서 연락받기도 어려웠다. 다방은 이들에게 휴식처이자 연락처였다. 카운터에서 "김 사장님, 전화 왔어요"라

'이슬람의 와인', '사탄의 음료'라 불리던 커피는 온갖 억압에도 살아남아,

이제는 전 세계인이 즐기는 대중 음료로 자리 잡았다.

고 부르면 몇 사람이 동시에 일어섰다는 웃지 못할 에피소드는 그 시절만의 추억이다.

문인이나 예술가들 역시 차 한 잔을 시켜놓고 하루 종일 시간을 보냈다. 마땅한 전시장이 없을 때라 다방을 전시장으로 이용하기도 했다. 화가들은 돈이 없어 외상을 하거나 찻값 대신 그림을 놓고 가기도 했다. 어느 화가가 어머니의 초상을 그려주었는데, 몇 차례 이사를 다니다가 분실되었다. 참으로 애석한 일이다.

어린 나는 이곳 다방에서 지낼 때가 많았다. 거리에서 신문을 파는 소년을 만나 함께 신문팔이를 한 적도 있다. 나중에 그 사실을 알게 된 어머니로부터 몹시 혼이 났었다. 만일 그때부터 돈을 벌기 시작했다면 지금쯤 아마 부자가 되었을지도 모를 일이다.

해방 전까지는 대개 원두커피를 상용했다. '커피' 하면 인스턴트커피를 떠올리게 된 것은 해방 이후 미군 피엑스PX 군부대 기지 내의 매점를 통해 유출된 인스턴트커피가 시중에 나돌면서부터다. 1970년, 동서식품에서 처음으로 인스턴트커피를 생산하면서 커피의 대중화를 이루었다.

1970년대는 디제이가 있는 음악 전문 다방이 꽃 피운 시기이기도 했다. 집에 변변한 음향 시설이 없었던 젊은이들은 다방에 와서 커피를 즐기며 좋아하는 음악을 들었다. 지금도 흘러간 올드 팝송을 듣노라면 당시 모습이 눈에 삼삼하다.

일인당 커피 소비량이 최대인 유럽 국가들은 우리와 달리 원두커피를 주로 마신다. 인스턴트커피를 찾는 사람은 거의 없다. 그런데 우리나라는 '커피' 하면 인스턴트커피로 인식하고, 원래의 커피는 '원두커피'라고 따로 부른다. 1990년만 해도 원두커피의 소비율은 10퍼센트가 채 되지 않았다. 내가 금융회사에 근무할 때는 커피 선택권이란 게 없었다. 거래기업을 방문하면 으레 달짝지근한 믹스커피가 나왔다.

1998년, 신세계그룹과 손잡은 스타벅스의 진출로 우리나라 커피 문화는 새로운 양상을 띠게 된다. 원두커피의 시장이 열린 것이다. 그때 나는 어느 금융회사의 임원으로 재직 중이었는데, 스타벅스의 개점으로 원두커피에 대한 개인적 관심이 다시 살아났다. 은퇴하면 대안문화공간을 운영할 계획을 갖고 있어서 커피 지식도 필요했다.

한번은 지인의 소개로 누가 찾아왔다. 그는 직접 번역한 책이라면서 《스타벅스 - 커피 한 잔에 담긴 성공신화》를 선물로 주었다. 책에는 커피 상식뿐만 아니라 스타벅스를 인수하여 대기업으로 키운 하워드 슐츠의 감동적인 스토리가 담겨 있었다.

커피에 관심을 가지자, 다양한 정보가 들어왔다. 한국커피문화협회가 있다는 것도 알게 되었다. 나는 협회를 찾아갔다. 협회장은 강남역 인근에서 커피점을 운영하고 있었는데, 만나보니 과거 내가 다녔던 금융회사와 거래하던 기업의 직원이었다. 우리는 반갑게 인사하고, 우리나라 커피 시장에 대한 얘기를 나누었다. 그의 소개로 우리나라 커피 로스팅업계의 1세대라 할 수 있는 박원준, 박이추 씨와도 친교를 맺었다.

한국커피문화협회에서는 커피에 관심 있는 사람을 모아 일본 커피업계를 방문하는 프로그램을 진행했는데, 나도 동행했다. 일행들은 대부분 커피업계에 종사하는 사람들이었고, 금융인은 나 혼자뿐이었다. 우리는 도쿄 식품박람회를 방문해 커피 관련 상품도 구경하고, 지역 곳곳에 있는 유명 커피점도 찾아갔다. 그중에서 '호리구치 커피공방'이 인상적이었다. 그곳에 가보고 우리나라에도 곧 원두커피 시장이 열릴 거라는 생각이 들었다.

일본의 커피 장인, 호리구치 토시히데는 1948년 도쿄에서 태어났다. 대학 졸업 후엔 무역상사 직원으로 메카에서 16년간 근무했는데, 그곳에서 커피무역을 목격하고 진로를 바꾼다. 그는 회사에 사표를 내고 일본으로 돌아와 커피공방을 차렸다. 20여 평 남짓한 공방 안은 실속 있게 꾸며져 있었다. 10여 평은 로스팅 룸이고, 나머지 공간은 볶은 원두커피를 봉지에 넣어서 파는 매장이었다. 동네 주민들은 시장을 보거나 퇴근할 때 그곳에 들러 커피를 사갔다.

'다이부'란 커피점은 도심지 건물 2층에 있었는데, 공간이 채 20평도 안 되었다. 삐거덕거리는 나무계단을 올라가면 주인이 아르바이트생 한 명을 데리고 운영하는 커피점이 나온다. 한쪽에는 수동으로 커피를 볶는 통돌이 로스팅 기계가 있고, 구석에는 책이 잔뜩 꽂힌 서가가 있는 커피점이었다. 저녁 시간이면 커피를 마시며 서로의 관심사를 나누기 위해 이곳을 찾는 문인이 많다고 한다. 이밖에도 여러 커피점을 방문했다. 일본의 커피점들은 대개 역사가 깊었다.

일본 커피업계를 시찰하고 돌아온 지 얼마 되지 않아 회사 근처에 있는 '커피미학'을 찾아갔다. 일본식 드립커피를 마실 수 있는 곳이다. 그곳 사장은 우리나라 사람인데, 이름은 일본식이었다. 일본인과 결혼한 후 일본이름으로 개명했다고 한다.

그 당시는 친구들과 밴드를 결성하여 정기적으로 하우스콘서트를 열고 있을 때였다. 우리는 그녀의 초청으로 커피미학 개점 기념행사에 참가해 30여 분간 공연을 펼쳤다. 우리 음악이 고객들의 정서에 맞았는지, 많은 사람들이 박수를 보내주었다.

유럽 여행에서 커피점은 내겐 필수 코스였다. 로마에 갔을 때는 시내 관광을 포기하고 1760년에 문을 연 '카페 그레코'

'커피' 하면 으레 인스턴트 커피를 떠올리던 시절도 있었지만,

지금은 원두커피 시장이 커져 동네 어귀에서 로스팅 가게도 심심찮게 만날 수 있다.

이웃끼리 커피를 마시고, 갓 볶은 커피도 사가는 모습은 상상만으로도 정겹다.

를 방문했다. 개업한 지 250년이 넘는 카페에 앉아 있으니 기분이 묘했다. 나는 커피 한 잔을 앞에 두고 그곳서 문화와 철학을 토론했을 옛사람들을 그려보았다. 베네치아에 갔을 때에도 역사가 깊은 카페를 그냥 지나칠 수 없었다. 나는 산마르코 광장 한쪽에 있는 '카페 플로리안'을 찾아갔다. 1720년에 문을 연 뒤로 300여 년 가까이 영업 중인 카페였다.

나는 머지않아 우리나라에도 원두커피 시장이 붐을 이룰 것이라 예견하고, 음악하는 딸아이에게 커피를 배우라고 권했다. 그리고 한국커피문화협회 초기 멤버였던 허형만 씨에게 아이의 교육을 부탁했다. 그가 커피회사 임원 자리를 내려놓고 압구정동에 로스팅하우스를 개점한 지 1년 남짓 되었던 때다. 아이는 얼마 동안 '허형만 커피공방'에 가서 커피를 배웠다. 그 후 나는 딸아이와 함께 '필하모니'라는 대안문화공간을 오픈했다. 당연히 커피는 우리가 직접 내려 손님들에게 제공했다. 명동에서 다방을 경영했던 어머니와 나, 그리고 아이까지 3대에 걸쳐 커피 관련 사업을 한 것이다. 아이에게 로스팅을 하며 본격적으로 커피 사업을 해보라고 권했지만, 아이는 음악을 좀더 배우겠다며 캐나다로 유학을 떠났다.

얼마 뒤 나의 예견대로 우리나라에 원두커피 시장이 활짝 열렸다. 스타벅스뿐만 아니라 국내 브랜드 여러 곳이 창업을 했다. 커피 시장이 폭발적으로 늘어난 것이다. 과거 한국커피문화협회 회원이었던 사람들도 이곳저곳에서 나름대로 커피 사업을 영위하고 있다. 그들은 스타벅스 커피보다 자신들의 커피 맛이 더 좋다며, 대단한 자부심을 갖고 있다.

스타벅스의 커피는 세계적으로 균일한 맛을 내야 하기 때문에 일단 대량의 커피콩이 필요하다. 게다가 경제성까지 있어야 한다. 당연히 질이 좋은 스페셜티Specialty 커피를 쓸 수가 없다. 그러나 개인은 소량의 커피를 구매하여 맛좋은 커피를 소수의 고객에게 제공할 수 있다. 맛만 본다면 개인 카페가 더 우수할 수밖에 없다. 그러나 커피점은 커피 맛뿐만 아니라 그곳의 문화도 중요하다. 바로 스타벅스의 커피 사업이 번창하는 이유다.

우리의 커피 문화도 바뀌어, 이젠 일본처럼 동네 어귀에 개인 로스팅 가게를 차린 사람을 심심찮게 접한다. 동네 이웃들이 모여 커피도 마시고, 갓 볶은 커피도 사가는 모습은 상상만으로도 정겹다. 은퇴 후에는 커피 볶는 기술을 배워 일본의 호리구치처럼 자기만의 공간을 운영하는 것도 괜찮으리라. 동네 골목을 지날 때마다 고소한 커피 냄새가 난다면, 얼마나 행복할까?

3장

나이 들어
좋은 게 더 많다

남을 위해 산다는 것은 쉬운 일이어서
누구나 잘하고 있지만, 이참에 여러분에게
자기 자신을 위해 살라고 당부하고 싶다.

　_ 랄프 왈도 에머슨Ralph Waldo Emerson

1

자신이
하고 싶은 일을
찾는 방법

◆　　　◆

◆

　　　영국의 일간지 《런던타임스》는 '이 세상에서 가장 행복한 사람은 누구인가'라는 제목으로 국민들의 의견을 수렴한 적이 있다. 설문조사 결과를 보니 3위는 섬세한 공예품을 완성하고 휘파람을 부는 목공, 2위는 깨끗하게 목욕시킨 아기 몸에 분을 발라주며 웃는 어머니였다. 1위는 모래성을 막 완성한 어린아이였다. 사람들은 뜻밖의 결과에 놀랐다. 그들이 생각했던 '세상에서 가장 행복한 사람'은 세계적인 부호나 권력가들이었던 것이다.

　왜 1위가 '모래성을 완성한 어린아이'였을까? 어린아이는 자신이 무엇을 하고 싶은지 분명히 알고, 그것에 몰입하기 때문이다. 그러나 아이가 학교에 들어가서 교육을 받고 사회생활을 하면서 성인이 되면, 자기가 하고 싶은 일은 수면 아래로 가라앉고 남들이 하고 싶은 일을 자신이 하고 싶은 일로 착각하며 살게 된다.

은퇴 전의 삶이 의무적인 일을 했던 시기라면 인생 2막은 '자신이 하고 싶은 일'을 하는 시기다. 그런데 정작 자신이 하고 싶은 일이 무엇인지 알지 못한다면, 그것처럼 답답한 일도 없다.

얼마 전 은퇴한 친구를 만났다. 인생 2막엔 어떤 일을 하고 싶으냐고 물으니 특별히 하고 싶은 일이 없다고 했다. 한번 잘 생각해보라고 해도 마찬가지 답변이 돌아왔다. 그와 이야기를 더 나누다가 헤어졌다.

집으로 오는 길, 전화벨이 울려 받아보니 방금 헤어진 친구였다. "찾았어, 내가 하고 싶은 일이 무엇인지 찾았어." 나와 헤어진 뒤 '내가 진정으로 하고 싶었던 일이 무엇이지?' 하며 곰곰이 생각했단다. 한참 만에 말을 타고 싶다는, 어릴 적 꿈을 떠올렸다고 했다. 나는 "바로 그거야!" 하며 격려해주었다. 다시 만났을 때 그에게 승마 책을 선물했다.

은퇴 준비를 할 때 가장 어려운 일 중 하나는 자신이 진정으로 원하는 것이 무엇인지를 발견하는 일이다. 그것만 찾을 수 있다면 은퇴 준비의 반은 이룬 것이다. 그러나 대부분의 사람들은 자신이 진정으로 무엇을 원하는지 알지 못한다. 그것을 찾는 데 시간과 노력을 들이지 않기 때문이다. 더 나아가 다른 사람의 기대에 부응해 자신의 욕망과 성공을 규정한다는 점이 문제다.

사람들은 보통 남이 하는 말에 지나치게 신경을 쓴다. 가족, 친구, 동료, 신문 기사, 텔레비전 뉴스, 광고업계, 여행사 직원과 같은 다른 사람의 주장에 밀려 자신이 원하는 것에 대해서는 깊이 생각지 않는다. 우리 사회를 보면 은퇴 후 하는 일이 대개 정해져 있다. 경제적 여유가 있는 사람들은 골프나 치러 다닌다. 물론 이런 취미활동이 나쁘다는 것은 아니다. 친구들과 골프도 칠 수 있다. 그런데 남은 생의 대부분을 골프나 치고 지낸다면 그것만큼 안타까운 일도 없다.

은퇴한 사람을 만나보면 대개의 경우 특별히 좋아하는 일이 없다고 한다. 그것은 사실 오해다. 하고 싶은 일이 없는 게 아니다. 다만, 그것을 지금 잊고 있을 뿐이다.

자신이 하고 싶은 일을 찾으려면 어떻게 하는 것이 좋을까? 먼저 종이에 원하는 바를 써본다. 자신이 원하는 것인지, 남이 원하니까 자신도 원하는 것인지 구별하는 것이 중요하다. 기록은 눈에 보이므로 이를 가려내기가 쉽다. 번거롭다고 피해서는 안 된다. 다른 사람이 원하는 것을 추구하느라 평생을 허비하며 행복한 인생을 놓칠 수는 없는 노릇이다. 다시 말하지만 일단 무엇을 하고 싶은가, 무엇이 되고 싶은가를 기준으로 자신의 욕구와 목표를 모두 적어본다. 진정 원하는 바를 찾아야 자신이 정말 하고 싶은 일을 선택할 수 있기 때문이다.

다음의 세 가지 활동을 기준으로 자신이 하고 싶은 일을 찾아봐도 좋다. 첫째 현재 흥미를 느끼는 활동, 둘째 과거에 하려고 했던 활동, 셋째 앞으로 하려고 생각 중인 활동. 아무리 사소한 것이라도 무시하지 말고 생각나는 대로 모두 기록한다. 아이디어의 좋고 나쁨은 크게 괘념치 않는다. 하루에 최소한 10개는 채우도록 한다. 똑같은 활동이 한 군데 이상 반복되어도 괜찮다. 그런 활동이야말로 우선적으로 추구하고 싶은 취미일 수도 있다.

리스트를 작성했다면 그중 몇 가지를 골라 활동을 시작한다. 우선순위를 정하는 것도 좋다. '만일 자신이 시한부 인생이라면 가장 하고 싶은 일이 무엇인가?' 이렇게 생각해보는 것도 방법이다.

인생은 영원히 지속되지 않는다. 앞으로 남은 생이 1년이 될지, 아니면 그보다 더 적을지는 아무도 모를 일이다.

목표나 꿈이 없는 활동을 하면서 성취감이나 만족을 느낄 수는 없다. 목표가 없는 활동에 아무리 정력을 쏟아 부어도 이루어지는 것은 없다. 새롭고 가치 있는 곳에 도달하려면 목적지부터 정해야 한다. 목표가 정해지면 해야 할 일이 보인다. 아울러 목표 달성을 위해 꾸준히 노력해야 한다. 이렇게 노력하는 과정에서 좌절도 느끼지만 보람도 맛볼 수 있다. 그것이 바로 우리 자신이다. 자신의 실체를 파악하고 받아들이는 것은 스스로 해야 할 일이다. 인생에서 달성할 만한 가치가 있는 것은 저절로 오지 않는 법이다.

【 목표를 정할 때 참고할 만한 활동 리스트 】

☐ 글쓰기

☐ 자원봉사

☐ 악기 연주

☐ 요리 배우기

☐ 명상

☐ 시골길 드라이브

☐ 오토바이 타기

☐ 독서

☐ 여행

☐ 컴퓨터 배우기

☐ 캠핑

☐ 등산

☐ 자전거 타기

☐ 정원 가꾸기

☐ 승마

☐ 댄스 교습

☐ 자서전 쓰기

☐ 수영

☐ 작곡

☐ 집짓기

☐ 주식 투자

☐ 사진 찍기

☐ 스카이다이빙

☐ TV 시청 하지 않기

☐ 들판을 무작정 걸어보기

☐ 스페인어 배우기

☐ 철학 공부하기

☐ 동물원에 가보기

☐ 환자 간병하기

☐ 웅변학원 다니기

☐ 스노클링

☐ 서핑

☐ 포도주 담그기

☐ 그림 감상

☐ 일기 쓰기

☐ 족보 조사하기

- [ ] 옛 친구 만나기
- [ ] 시 암송하기
- [ ] 해외에서 살아보기
- [ ] 자작 앰프 만들기

- [ ] 모형 비행기 날려보기
- [ ] 민박업으로 돈 벌기
- [ ] 좋아하는 음식점 찾아가기
- [ ] 급류 타기
- [ ] 누군가와 마음 터놓고 이야기하기
- [ ] 만난 지 오래된 친척 찾기
- [ ] 박물관 구경
- [ ] 자동차 정비 배우기
- [ ] 시각장애인에게 책 읽어주기
- [ ] 대학원에 입학하여 학위 취득

- [ ] 클럽 만들기
- [ ] 연 날리기
- [ ] 인형 만들기
- [ ] 이웃과 담 허물기
- [ ] 시장에서 일하는 사람 지켜보기
- [ ] 고아의 후견인되기
- [ ] 새로운 요리 만들어 보기
- [ ] 커피 로스팅
- [ ] 자신의 경험을 바탕으로 책 쓰기
- [ ] 하우스콘서트

- [ ] 별자리 관찰
- [ ] 요들송 배우기
- [ ] 제주도에서 한 달 살아보기
- [ ] 요가
- [ ] 옷 만들기

- [ ] 다른 종교 알아보기
- [ ] 동양철학 공부하기
- [ ] 남의 말 경청하기
- [ ] 무작정 떠나기
- [ ] 음악 감상

- [ ] 호스피스 실습
- [ ] 포토북 만들기
- [ ] 자동차 함께 타기
- [ ] 동화책 읽어주기
- [ ] 다문화가정 연구
- [ ] 문화재 공부
- [ ] 지구의 미래에 대해 생각하기
- [ ] 사막에서 하룻밤 자기
- [ ] 다큐영화 만들기
- [ ] 무인도 방문

2

인생 롤
모델이
있습니까?

◆　　　◆

◆

40대에 은퇴 준비를 시작한 나는 주로 책을 통해 먼저 생을 살았던 사람들의 궤적을 추적했다. 그 사람들이 걸어갔던 발자취를 따라가 보면 어떻게 삶을 살아야 할지 팁을 얻을 것 같다는 생각에서였다. 이 책 저 책 섭렵하다가 나의 롤 모델이 될 사람을 하나 발견했는데, 그가 바로 스코트 니어링이다.

그는 1883년, 미국 펜실베이니아 주의 부유한 가정에서 태어났다. 그리고 꼭 100년 후인 1983년에 메인 주의 하버사이드에서 눈을 감았다. 내가 그를 알게 된 것은 그와 그의 아내

헬렌이 함께 쓴《조화로운 삶》이란 책을 통해서였다. 이 책은 그들의 시골생활을 소개하고 있다. 내친 김에 그의 자서전도 읽었고, 헬렌이 그의 사후에 쓴《아름다운 삶, 사랑 그리고 마무리》도 읽었다. 이밖에도 스코트 니어링을 좀 더 알 수 있지 않을까 해서, 전기 작가 엘렌 라콘테가 쓴《헬렌 니어링, 또 다른 삶의 시작》도 읽었다.

스코트 니어링의 자서전을 보니 여러 면에서 나와 흡사했다. 대학에서 경제학을 전공한 것, 한때 성직자를 꿈꾸기도 했으나 기독교의 신학 체계에 실망하여 교회에 다니지 않게 된 것, 전원을 동경하고 채식주의자로 살아가는 것, 톨스토이와 노자의 영향을 받은 것, 의사를 신뢰하지 않는 것, 그리고 도박을 좋아하지 않는 것 등이 그렇다. 삶을 살다보면 아무래도 가치관이나 관심사가 흡사한 사람을 좀 더 좋아하지 않겠는가.

스코트는 평화주의자이자 사회주의자였다. 이러한 이유로 펜실베이니아대학의 교수직에서 물러난 그는 미국 전역을 돌며 강의하고, 그 강의료 수입으로 생활을 지탱했다. 하지만 나중에는 강의를 할 기회도 주어지지 않았다. 안락한 중산층 가정을 추구했던 아내는 더 이상 그와 살기를 원하지 않았다. 자연스레 두 아들과도 사이가 벌어졌다. 사회로부터 배척받고 가족으로부터도 외면받는, 어떻게 보면 거의 절망적인 상황에 빠졌을 때 그의 앞에 한 사람이 나타났다. 바로 스무 살 아래의 헬렌 니어링이었다.

스코트는 자서전에서 헬렌을 만난 건 행운이라고 서술했다. 왜냐하면 헬렌이 비록 나이는 어렸지만 자급생활에 맞설 능력과 의지를 갖추었기 때문이다. 그녀는 정열적이고 활달했으며 기품이 넘쳤다. 또 채식을 좋아했고 바이올린을 공부했으며 여러 해를 외국에서 보내기도 했다. 헬렌은 부유한 가정에서 태어나 좋은 교육을 받았는데, 이 보잘것없는 중년의 사내에게서 평범하면서도 비범한 지혜를 느낀 모양이다.

두 사람은 서로의 가치관이 같음을 알고 함께 버몬트 주로 이주했다. 그리고 하루의 반나절은 일을 하고, 나머지 반나절은 명상과 독서를 하며 전원생활을 시작했다. 그리고 그들의 생활상을 소개한 책을 집필했는데, 그 책이 바로 《조화로운 삶》이다. 이것이 시골에서의 생활상을 엮은 책이라면, 《아름다운 삶, 사랑 그리고 마무리》는 헬렌이 세상을 떠난 스코트를 회상하며 쓴 책이다. 그러므로 후자의 책이 스코트 니어링의 사상을 더 잘 서술했다고 할 수 있다.

스코트는 전원생활 덕분인지, 평균수명을 훨씬 뛰어넘는 100세까지 장수했다. 그는 의사를 멀리했는데, 의사가 병에 대해서만 알지 건강은 잘 모른다고 했다. 의사를 멀리했기 때문에 건강한 건지, 건강했기 때문에 의사를 가까이하지 않은 건지는 알 수 없지만 그는 우리 몸의 자연치유 기능을 믿었다. 그의 명성이 알려지자 많은 사람들이 찾아왔는데, 그중엔 스코트를 종교에 귀의시키고자 한 성직자도 있었다. 그러나 그는 종교인들조차 일정한 거리를 두고 대했다. 그는 100세가 되던 해에 스스로 곡기를 끊고 세상을 떠났다.

스코트의 죽음을 보면, 자신의 죽음을 예견했던 동양의 선사들이 떠오른다. 평생을 호스피스 운동에 헌신했던 정신과 의사 엘리자베스 퀴블러 로스 박사는 《인간의 죽음》이란 책에서, 죽음을 맞이하는 사람들의 감정 변화를 5단계로 나누어 설명했다. 먼저 죽음을 통고받으면 부정하고, 그다음엔 분노하며 타협을 하다가 절망 끝에 마지막에는 죽음을 수용한다는 것이다. 그러나 모두가 이런 단계를 거치는 건 아니다. 이를 테면 영성이 높은 사람은 중간 단계를 생략하고 곧바로 마지막 단계에 돌입한다고 한다. 스코트도 그런 경우다.

스코트 니어링의 삶을 들여다보면 이밖에도 참고할 것이 많다. 먼저 그는 죽을 때까지 일하는 걸 멈추지 않았다. 많은 사람들이 은퇴하면 일에서 손을 놓는다고 생각하는데, 일은 우리의 생명을 유지시켜주는 힘이다. 만일 일이 없다면, 그만큼 삶의 의지도 약해질 수밖에 없다. 그렇다고 스코트가 일만 한 것은퇴 준비를 하며, 자신의 롤 모델이 될 만한 사람을 머릿속에 한번 그려보라.

생각나는 인물이 있다면 그를 따라가면 된다.

그가 이미 갔던 길을 간다면 시행착오를 피할 수 있고,

다가올 인생 2막도 훨씬 수월하게 설계할 수 있을 것이다.

은 아니었다. 하루의 반나절은 명상과 독서를 하거나 헬렌과 음악을 연주하는 등 취미활동에 할애했다.

스코트에게 또 배운 게 있다면 그의 검소한 생활을 꼽지 않을 수 없다. 사람들은 나이가 들어서도 계속 많은 것을 소유하려고 하는데, 자기가 필요로 하는 것보다 계속 더 많은 걸 보유하고자 하는 건 동물세계에서 우리 인간밖에 없다고 한다. 스코트는 다음 해에 먹을 식량을 마련하면 더 이상 보유하지 않았다. 남는 건 이웃에게 나누어주었다. 최근 금융회사에서는 베이비붐 세대의 은퇴를 맞이하여 은퇴자금이 최소 얼마나 있어야 한다고 홍보하는데, 이건 소비자들에게 공포를 주려는 금융마케팅의 한 방법일 뿐이다. 그보다는 생활비에 상응하는 현금흐름을 창출하는 게 중요하다. 그리고 나이가 들면 더 많이 소유하기보다는 오히려 덜어내는 연습을 해야 하지 않을까 싶다.

끝으로 한 가지 더 언급하고 싶은 것은 무의미한 연명치료에 관한 내용이다. 많은 사람들이 집에서 가족의 손을 잡고 죽기를 원한다. 20년 전만 하더라도 십중팔구는 집에서 죽음을 맞이했다. 병원에서 죽는 사람은 불과 한두 명이었다. 그러나 지금은 90퍼센트의 사람이 병원에서 죽는다. 그것도 중환자실에서 아무도 없는 새벽에 홀로 죽어간다. 얼마나 어이없는 일인가. 게다가 임종 직전에 심폐소생술을 시행하기도 한다.

내세가 있는지는 모르겠지만, 티베트 불교에서는 죽음의 순간에 어떤 생각을 하느냐에 따라 그의 내세가 결정된다는 말이 있다. 종교를 불문하고 죽음의 순간은 생에서 단 한 번밖에 없는 귀중한 시간이다. 종교를 믿는 사람은 신에게 기도하는 시간이고, 종교가 없는 사람은 삶을 뒤돌아보며 마음을 정리하는 시간이다. 이런 귀중한 순간에 가망성이 없는 심폐소생술 등을 시행하여 환자의 마음을 어지럽히는 것은 절대 해서는 안 될 일 중 하나다. 물론 심폐소생술의 효과를 부정하는 것은 아니다. 그러나 전문의의 전언에 따르면, 나이 든 사람들에게는 심폐소생술이 거의 효과가 없다고 한다.

스코트는 남의 손에 생명이 연장되는 걸 원치 않았다. 나는 스코트의 죽어가는 과정을 통해 임종에 관한 생각을 정리할 수 있었다. 평소 '죽음을 준비하면 은퇴 준비가 끝난 게 아닌가' 하고 생각했다. 죽음을 생각하면 남은 생을 어떻게 살아야겠다는 마음을 다질 수 있기 때문이다. 우리가 평소 중요하다고 생각했던 가치가 그렇지 않다는 걸 깨닫게 되는 것은 덤이다.

은퇴 준비를 하며, 자신의 롤 모델이 될 만한 사람을 머릿속에 한번 그려보라. 생각나는 인물이 있다면 그를 따라가면 된다. 그가 이미 갔던 길을 간다면 시행착오를 피할 수 있고, 다가올 인생 2막도 훨씬 수월하게 설계할 수 있을 것이다.

3

객원기자로
꿈을
이루다

◆　　　◆

◆

고등학교 시절에 기자를 꿈꾼 적이 있다. 사회 곳
곳에서 일어나는 사건사고와 숨어 있는 미담을 시민에게 알리
는 것도 보람된 일인 듯했다. 그래서 신문방송학과에 진학하겠
다고 마음먹었다. 그러나 알아보니 신문방송학과는 학문을 연
구하는 곳이지, 기자가 되는 것과는 무관했다. 경제신문도 있
으니, 혹시 경제학을 전공하면 기자가 되는 데 유리하지 않을
까 싶었다. 결국 경제학과에 입학했으나 금융회사를 택하며 그
길은 가지 못했다.

그래도 대학에 다닐 때는 가끔 신문에 기고를 하곤 했었다.

그러나 세월이 흐르며 글 쓰는 일은 차츰 관심에서 멀어졌다. 기자가 될 수 있는 기회는 은퇴 후에나 왔다. 성남아트센터에서 자원봉사를 할 때다. 어느 날 그곳서 발행하는 월간지의 편집장을 만나 이 얘기 저 얘기를 나누었다. 그리고 다음 달 호에 글을 하나 써서 기고했다. 편집장이 시리즈로 기고하면 어떻겠냐고 제안해왔다. 나는 흔쾌히 수락하고 그 후 매월 기사를 쓰게 되었다. 객원기자가 된 것이다.

신문이나 잡지 기사를 보면 미담보다는 사건이나 고발 같은 부정적인 기사가 많다. 세상을 사노라면 좋은 일이 훨씬 더 많은데 왜 기자들은 나쁜 소식을 더 많이 전할까? 특종을 노리고 왜곡된 기사를 쓰는 기자도 있다. 언젠가 신문기자가 나를 찾아와 인터뷰를 했는데, 다음 날 신문에는 나의 의도와는 전혀 다른 내용의 기사가 났다. 그에게 항의했더니 미안하다며 사과를 했다. 대개 기자들은 이러이러한 기사를 써야지 마음먹으면 그쪽으로 대화를 유도하는 경향이 강하다.

최근에도 그런 일이 있었다. 한번은 기자가 전화로 의견을 물어왔다. 질문의 요지는 "종묘 인근 지역을 재개발하는데, 노인에 대한 아무런 대책 없이 지자체에서 이런 공사를 벌여도 되는가" 하는 거였다. 아마도 그는 내가 대책도 없이 공사를 벌이면 안 된다고 말해주길 바랐을 것이다.

나는 노인을 사회적 약자로 취급하여 무슨 시혜를 베풀어야 한다는 기자의 시각에 문제가 있음을 지적했다. 그러면서 기자에게 "반포에 있는 국립중앙도서관에 가보았냐"라고 되물었다. 그곳에 가면 머리가 허연 시니어들이 학생들 못지않게 독서에 열중하고 있다. 파고다공원을 찾아 옛날이야기나 하며 무료한 시간을 보내는 사람은 사실 얼마 되지 않는다. 물론 이들에 대한 관심도 필요하다. 하지만 노인도 이제는 사회에 무엇을 바라기보다 자조적인 정신을 갖고 스스로 길을 찾아야 한다는 것이 나의 생각이다.

언론이 무언가를 비판하는 데 그치지 않고 대안을 제시해서 좀 더 긍정적인 기사를 많이 쓴다면 우리 사회가 좀 더 밝아지지 않을까? 우선 나부터 솔선수범하기로 했다. 매월 지역에서 활동하는 동네 주민을 찾아가 그들의 삶을 조명했다. 한번은 분당아버지합창단을 찾아간 적이 있다. 그들을 방문하기 전에 먼저 자료부터 살펴보았다.

어느 교육기관에서 하루 평균 아이들과 지내는 시간을 국가별로 비교했는데, 한국의 아버지가 조사 대상 국가 중 꼴찌를 차지했다. 주원인은 긴 근무시간이었다.

다들 알다시피 우리나라 아버지들은 너무 바쁘다. 아침 일찍 회사에 출근할 뿐 아니라 야근에 각종 회식과 거래처 접대까지, 퇴근 후 시간조차 마음대로 쓰지 못한다. 누군들 가족과 함께 시간을 보내고, 자신만의 시간을 갖고 싶지 않겠는가.

하지만 한국이란 사회는 조금만 한눈팔면 경쟁에서 처지고 도태되기 십상이다. 실제로 IMF 사태가 터지자 직장에서 해고되거나 사업체의 부도로 한순간에 일터를 잃은 아버지가 많았다. 마땅히 갈 곳조차 없었던 아버지들은 점점 말수가 적어지고 한숨이 깊어졌다. 이때부터 사람들은 아버지에 대해 다시 생각하기 시작했다. 《아버지》 같은 소설이 히트를 치기도 했다. 어떤 이들은 함께 노래를 부르는 모임을 만들어 아버지 이외에는 이해할 수 없는 심정을 서로 토로하고, 때로는 위로하고, 때로는 격려했다. '분당아버지합창단'의 탄생이 바로 그러했다.

분당아버지합창단은 2002년 7월, 일곱 명의 단원으로 창단되었다. 단원들은 대학 동기로 친구 사이도 있었고, 고등학교 사제지간도 있었다. 단원 수는 해마다 늘어 인터뷰 당시에는 50여 명에 달했다. 이들의 직업은 직장인, 의사, 교사, 기업인 등으로 다양했다. 합창단의 레퍼토리는 세계의 명 가곡, 오페라, 뮤지컬 등을 비롯해 우리 가곡과 민요, 동요, 가요에 이르기까지 꽤나 광범위했다.

여느 단체와 달리 관중도 많은 편이었다. 가정과 직장에서 많은 사람들이 공연장을 찾아주는 것도 이들의 흥행에 도움이 되었다. 특히 부하직원이나 후배들이 공연을 지켜본 뒤 삶 자체에 긍정적인 자극을 많이 받는다고 했다. 단원들은 서로의 애경사에도 참가하여 조가나 축가로 슬픔과 기쁨을 함께 나누었다.

아들딸이 결혼할 때 아버지의 친구들이 식장에서 축가를 부르는 모습을 상상해보라. 자녀에게는 잊을 수 없는 추억을, 참석한 내빈에게는 더 없이 행복하고 좋은 인상을 심어줄 것이다. 단원 중 한 명은 '아버지가 직접 문화 활동을 하면 성장기 자녀들에게도 좋은 교육이 된다'고 소감을 밝혔다. 단원 중에는 아버지가 아닌 사람도 있었다. 미혼인데도 아버지 합창단 활동을 하고 있는 것이다. 미혼 남자가 이 정도의 준비를 하고 있다면 예비 남편으로 썩 좋은 조건이 아닐까 싶다.

한번은 어머니들로 이루어진 '민트오케스트라'를 찾아갔다. 민트MINT는 'Madam who are Inspired by the Noble Touch'의 약자였다. 고귀하고 우아한 연주 솜씨에 영감을 받은 주부들, 이름 속에 이 아마추어 오케스트라의 성격이 드러나 있었다. 1998년에 삼성플라자 문화센터에서 현악을 배우던 주부들이 주축이 되어 2000년 3월에 창단했다고 한다.

서양음악사에 따르면, 오케스트라는 그리스의 원형극장에

서 유래한다. 원형 공간을 둘러싸고 한쪽에 반원 형태에 가까운 계단식 객석이, 그 반대쪽에는 스케네Scene라는 무대가 있었다. 이 무대와 원형 공간 가까이에 있는 제단 사이를 '오르케스트라Orchestra'라고 불렀다. 여기서 무용수들이 춤을 추고 노래도 불렀는데, 세월이 흐르면서 지금의 오케스트라를 가리키는 말이 된 것이다.

민트오케스트라 단원들은 각기 다른 전공을 살려 단체를 내실 있게 운영하고 있었다. 법학을 전공한 단원은 내부 규칙 제정을, 전산학을 전공한 단원은 홈페이지 운영을, 그리고 건축을 전공한 단원은 연습공간의 인테리어를 도맡았다. 영국의 뉴악 바이올린 스쿨에 유학하여 3년 동안 현악기 제작과 수리 과정을 이수한 단원도 있었다.

단원 중 최연장자는 60대 주부였다. 그녀는 7년 전에 첼로를 배워 활동하고 있는데, 친구들 사이에서는 부러움의 대상이다. 처음에는 남들에게 알리기 민망하여 악기를 구입하고도 아이들이 쓰던 것이라고 했단다. 어릴 때부터 오케스트라에 앉아 있는 연주자들을 부러워했는데, 예순이 넘어 그 꿈을 이룬 것이다.

민트오케스트라는 정기연주회뿐만 아니라 음악을 통한 봉사활동도 펼치고 있다. 분당의 보바스기념병원과 용인의 효원노

인병원이 주로 찾는 곳이다. 병상에서 신음하는 환우들을 위해 음악 봉사활동을 하다보면 오히려 그들의 모습에서 많은 것을 느끼며 감사하는 마음을 갖게 된다.

내가 찾은 우리 동네 문화클럽들은 이밖에도 많았다. 게다가 당시에는 분당 FM에서 지역 주민을 초청해서 인터뷰하는 방송도 진행하고 있어서, 본의 아니게 종이 매체와 공중파 방송을 모두 이용해 지역 소식들을 세상에 알린 셈이다.

나는 객원기자로 활동하며 본격적으로 글을 쓰기 시작했다. 기자 활동이 나의 저작 활동에 도화선이 된 것이다. 최근에는 개인 미디어라고 할 수 있는 블로그를 통해 주로 글을 쓴다. 내가 쓴 글이 누군가에게 지식이 되고, 기쁨과 즐거움이 된다면 더 바랄 게 없다.

4

생의
마지막 순간에
머물고 싶은 곳

◆　　　◆

◆

　　　　어느 매체에서 40세 이상 남녀 500명을 대상으로 '생의 마지막 기간에 거주하고 싶은 장소는 어디인가'를 조사한 적이 있다. 응답자의 46퍼센트가 '집'이라고 답해, 가정임종을 가장 선호했다. 다음으로 '요양시설'이 37퍼센트였으며, '병원'은 11퍼센트로 얼마 되지 않았다.

　집을 선호한 이유는 무엇이었을까? 가족과 많은 시간을 보낼 수 있다는 점을 가장 많이 꼽았다. 병원에 있으면 가족을 볼 기회가 줄어들고, 특히 중환자실의 경우 하루에 한두 차례만 면회가 가능하다. 이런 상황을 피하고 싶은 것이다. 마음대로 자유롭게 생활할 수 있는 점, 오래 살아서 익숙한 점 등이 그 뒤를 이었다.

그러나 실제로는 병원에서 임종하는 경우가 많았다. 통계청과 국립암센터의 자료를 보면 1991년에는 가정에서 사망하는 경우가 74.7퍼센트, 병원에서 사망하는 경우가 15.3퍼센트였다. 그런데 2003년이 되면 가정에서 사망하는 비율이 42.7퍼센트, 병원에서 사망하는 비율이 45.0퍼센트로 상황이 역전되었다. 2011년에는 가정이 19.8퍼센트, 병원이 68.5퍼센트를 차지하여 병원에서 사망하는 경우가 크게 증가했다. 왜 집에서 죽기를 원하면서도 병원에서 죽는 사람이 늘고 있을까?

책《도시에서 죽는다는 것》의 저자는 서울대 간호학과를 졸업하고, 서울의 한 대형병원 중환자실에서 19년 동안 근무한 간호사다. 그녀는 책에서 환자들이 중환자실에서 잃는 자존심과 품위 그리고 생의 마지막 순간에 대해 이야기하며, 자신은 결코 중환자실에서 죽고 싶지 않다고 했다. 누군들 아무도 없는 새벽에 홀로 호스를 입에 물고 죽고 싶겠는가.

죽어가는 사람의 마지막 언어는 '손'이다. 혼자 가야 하는 두려움에 곁에 있는 가족의 손이라도 잡고 싶은 것이다. 그러나 중환자실에서는 그럴 수가 없다. 티베트 불교에서는 죽는 순간 어떤 생각을 하느냐에 따라 그의 내세가 결정된다고 한다.

꼭 그렇지는 않더라도 두려운 생각보다 편안한 마음을 먹으면 좋지 않겠는가. 책에는 그녀가 짊어진 후회와 회한의 기록이 많다. 간호사가 엄마인 줄 알고 매달리는 뇌종양에 걸린 아이를 검사실로 보내기 전에 한 번 더 안아주었더라면, 아이들에게 마지막으로 하고 싶은 말이 있다면서 가쁜 숨을 몰아쉬는 52세 환자에게 기도 삽관을 하기 전에 조금만 더 기다려주었더라면, 젊은 딸의 죽음을 받아들이지 못한 아버지의 말대로 심폐소생술을 계속하는 대신 딸을 편안히 보내자고 설득할 수 있었더라면……. 절차에 따라야 하는 병원의 시스템에서 죽어간 이들이 보낸 메시지는 대부분 중환자실을 벗어나지 못했다.

일전에 연세대학교 생명윤리연구소에서 주최한 무의미한 연명치료에 관한 세미나에 다녀온 적이 있다. 세미나가 끝난 후 주제 발표를 했던 의사에게 '기도 삽관을 하면 환자의 상태가 어떻게 되느냐'고 물었다. 그는 '밥을 먹다가 혹시 목에 생선 가시가 걸린 적이 있느냐'고 반문했다. '그때 무척 괴로웠다'고 내 대신 답하면서, 하물며 호스가 목에 들어가는데 환자가 힘들지 않겠냐는 얘기였다.

중환자실 간호사는 기도 삽관을 한 환자의 괴로움을 경감시키기 위해 진정제를 투여한다고 하지만, 사실은 진정시키는 것이 아니라 환자를 무력화시키는 것이라고 고백했다.

병원에 입원 중인 환자가 위급 상태에 빠지면 대개의 경우 환자의 생명을 연장시키기 위해 기도 삽관을 할 것인지 고민한다. 기도 삽관을 해봤자 생명 연장에는 한계가 있고, 환자의 고통만 가중시킨다는 것을 잘 아는 의사는 기도 삽관보다 자연사를 택한다. 반면, 얼마간의 시간을 벌기 위해 기도 삽관을 하는 의사도 있다. 기도 삽관을 할지 말지는 가족과 상의한 후 의료진이 결정하지만, 일단 기도 삽관을 하면 뺄 수가 없다. 자칫하면 형사처벌을 받을 수 있기 때문이다.

2008년, 폐암 여부를 확인하러 세브란스병원에 입원해 조직검사를 받다가 과다출혈로 인한 뇌손상으로 식물인간 상태에 빠졌던 김 모 할머니 사건이 좋은 예다. 가족들은 무의미한 연명치료를 중단하고 품위 있게 죽을 수 있게 해달라고 병원 측에 요청했으나, 병원 측은 이를 거부했다. 왜 병원 측은 가족의 요구를 거부했을까? 그 배경에는 보라매병원 사건이 있었다.

1997년 12월 4일 한 남자가 시멘트 바닥에 넘어지면서 머리를 다쳐 보라매병원 응급실로 실려왔다. 의료진은 긴급하게 수술했지만 뇌부종으로 자가 호흡을 할 수 없게 되자 인공호흡기를 부착한 채 환자의 상태를 관찰하고 있었다. 그런데 뒤늦게 나타난 그의 부인이 경제적 이유를 들어 치료를 더 이상 할 수 없다며 병원 측에 환자의 퇴원을 요구했다.

담당 의사는 환자가 퇴원하면 사망한다고 설명하며 처음에는 퇴원을 만류하였다. 그러나 그녀가 강력하게 퇴원을 요구하자 나중에는 그녀의 요구를 들어줄 수밖에 없었다. 병원에서 퇴원한 남자는 집으로 돌아갔으며 인공호흡기를 제거한 지 5분 만에 사망했다. 장례식이 끝난 후 이런 사실을 알게 된 남자의 여동생이 올케와 의료진을 고발하였다. 결국 이들은 법정에 서게 되었다. 법원은 치료를 계속 했더라면 환자가 살 수 있었다고 판단하고 살인죄를 적용하여 부인에게 징역 3년, 집행유예 4년, 의료진에게 징역 1년6개월, 집행유예 2년을 선고했다.

문제는 그 이후에 생겼다. 의사들이 형사처벌을 두려워하여 무의미한 연명치료를 중단하지 않게 된 것이다. 이러다보니 의료계에서는 소생가능성이 없는 환자라도 병원에 붙들어두는 촌극이 벌어졌다. 보라매병원 사건의 전철을 밟지 않기 위해서였다.

세브란스병원도 그런 경우다. 병원 측이 김모 할머니의 무의미한 연명치료 중단을 거부하자 가족은 법원에 소송을 제기하였다. 세브란스병원 의료진이 존엄사 자체를 반대한 것은 아니었다. 병원은 추후 비슷한 사례가 발생할 경우에 대비하여 법원으로 하여금 무의미한 연명치료 중단에 대한 판례를 받고 싶었던 것이다. 대법원은 환자가 회복 불가능한 단계에 이르렀을 때 몇 가지 조건을 두어 연명 치료의 중단이 허용될 수 있다고 판결했다. 환자가 품위 있는 죽음을 선택할 권리를 인정한 것이다. 법원의 판결로 세브란스병원은 2009년 6월 23일 김 모 할머니의 인공호흡기를 제거하였다. 그러나 할머니는 스스로 호흡하였고 그로부터 201일 만인 2010년 1월 10일 사망했다.

그 후 2016년 1월 26일, 사회적 여론을 수렴하여 '호스피스·완화의료 및 임종과정에 있는 환자의 연명의료결정에 관한 법률'이 제정되었다. 법은 준비기간을 거쳐 2017년 8월부터 시행된다. 이제는 회생 가능성이 없고, 치료해도 회복되지 않고 급속도로 증상이 악화되어 사망에 임박한 임종과정에 있는 환자에 대한 연명의료를 중단할 수 있게 되었다.

연명의료란 임종 환자에게 행하는 심폐소생술, 혈액 투석, 항암제 투여, 인공호흡기 착용 같이 치료 효과 없이 임종과정의 기간만 연장하는 것을 말한다. 환자가 자신의 뜻을 문서로 남겼거나 가족 두 명 이상이 평소 환자의 뜻이라고 진술하면 의사 두 명의 확인을 거쳐 연명치료가 중단된다.

임종 환자가 가장 두려워하는 것은 무엇일까? 그것은 죽음 그 자체가 아니라 죽음에 이르는 과정이었다. 특히 그 과정에서 겪게 되는 고통을 두려워했다. 그럼, 고통을 줄일 방법이 있을까? 호스피스 전문의에 따르면, 암 환자의 고통은 90퍼센트 이상 줄일 수 있다고 한다. 그러나 아직까지 많은 사람들이 고통 속에 죽어가고 있다. 진통제 사용을 억제하기 때문이다.

우리나라는 왜 마약성 진통제를 적극적으로 사용하지 않을까? 사용방법을 잘 모르는 경우도 있지만, 중독에 빠지지 않을까 하는 염려 때문이다. 그러나 중독에 빠지는 경우는 거의 없다. 오로지 통증 완화를 위해 마약성 진통제를 복용하는 환자는 심리적으로 거기에 의존하지 않게 된다. 단순히 마약성 진통제를 사용한다고 해서 전형적인 중독자가 되지는 않는다는 말이다.

1980년, 미국에서 실시한 연구에서 이 문제와 관련해 명확한 자료를 제시했다. 서로 다른 기간에 마약성 진통제 치료를 받았던 통증 환자 1만 1,882명 중에서 중독 반응은 단지 네 명에게서만 나타났는데, 이는 치료를 받았던 전체 환자의 0.03퍼센트에 해당했다. 즉 임상에서 무시할 수 있는 수치였다.

앞으로 우리나라에서도 '호스피스 · 완화의료 및 임종과정에 있는 환자의 연명의료결정에 관한 법률'이 시행될 예정이지만, 누구나 이 법의 적용을 받을 수 있는 건 아니다. '사전의료의향서'를 작성한 사람만이 이 법을 적용받을 수 있다. 사전의료의향서란, 환자 스스로 치료 결정을 내릴 수 없을 때를 대비하여 미리 작성해둔 문서로, 의료진은 이를 참고하여 치료 방침을 결정할 수 있다.

연세대학교 생명윤리정책연구센터의 세미나에 참가한 후 내 블로그에 사전의료의향서 양식을 올렸더니, 무려 1만 명에 가까운 사람들이 클릭을 했다. 그 양식을 보내달라는 사람도 있었다. 무의미한 연명치료를 받지 않겠다는 사람들이 이토록 많았건만, 그동안은 환자 자신이 구체적으로 뭘 어떻게 해야 할지 몰랐던 것이다.

서울대병원은 2009년 전국 17개 병원의 암환자 1,242명, 암환자 가족 1,289명, 암 전문의 303명, 일반인 1,006명을 대상으로 사전의료의향서의 필요성에 대한 설문조사를 실시했다. 이에 따르면 암환자의 93퍼센트, 암환자 가족의 92.9퍼센트, 암 전문의의 96.7퍼센트, 일반인의 94.9퍼센트가 필요하다고 밝혔다. 그러나 사전의료의향서를 작성하고 사망한 말기 암환자 중에서 환자 본인의 의사가 반영된 경우는 5.5퍼센트에 불과했다. 이 문제를 해결하기 위해서는 환자에게 상태를 제대로 알리고, 본인이 직접 사전의료의향서를 작성할 수 있도록 지원하는 제도가 마련되어야 한다.

미즈메디병원의 설립자인 고 노경병 박사는 무의미한 연명치료 중단과 아름다운 죽음을 실천한 의사다. 그는 환자를 수술하다가 C형 간염에 감염되었고, 2003년 임종 석 달 전에는 상태가 눈에 띄게 악화되었다. 아들이 간 이식을 권했지만 '오래 사는 것은 중요치 않다'며 거부했다. 그리고 그때부터 죽음을 준비하기 시작했다. '죽는 건 나니까 그 방식은 내가 정하겠다'는 오랜 신념에 따라서다.

노 박사는 심폐소생술, 인공호흡 등 어떠한 생명연장치료를 하지 말 것을 당부했다. 그러고는 지인들에게 '그동안 고마웠다'며 일일이 전화로 작별 인사를 했다. 서운함이 남은 사람에게는 '본의 아니게 마음을 아프게 해서 미안하다'며 용서를 구했다. 아끼던 물건이나 재산은 교회와 학교에 기부했다. 문병 온 이들에게 '천국이 좋으면 초청하겠다'는 농담도 건넸다.

임종 열흘 전 마지막 입원 때 그는 다시 연명치료 중단을 못 박았다. 그리고 아들의 손에 자신의 손을 포갠 채 운명했다. 당시 79세였다. 그는 마지막으로 '나는 행복하다. 감사하게 살다 간다'는 말을 남겼다고 한다. 노 박사는 장례식 비용은 따로 남겨놓았다며, 일절 부조금이나 화환을 받지 말라고 당부했다.

아인슈타인도 그러한 죽음을 택한 사람이다. 이스라엘 건국 17주년 기념을 축하하는 연설문을 작성하던 중에 복부대동맥류로 병원에 입원했다가 수술을 거부하고 생을 정리했다. 이때 그가 남긴 말은 이렇다. "내가 가고 싶은 때에 가고 싶다. 인공적으로 생명을 연장하는 것은 부질없는 짓이다. 할 만큼 했으니 이제 가야 할 시간이다. 품위 있게 죽고 싶다." 그의 나이 76세였다.

2015년 8월에는 비교적 건강한 영국의 75세 할머니가 스스로 죽음을 선택하여 세상을 놀라게 만들었다. 호스피스 간호사 출신인 질 패러우가 그 주인공이다. 영국에서는 이 같은 죽음이 허락되지 않아 그녀는 스위스로 건너가 바젤에 있는 안락사 병원에서 주사요법을 받고 스스로 삶을 마감했다.

죽을병에 걸린 것도 아니었는데, 패러우는 왜 스스로 죽음을 택했을까? 패러우는 생전에 언론을 통해 자신이 죽음을 선택하는 이유를 밝혔다.

"나는 이제 막 언덕 꼭대기에 올랐다. 앞으로 내려가기만 할 뿐 더는 좋아지지 않는다. 보행기로 앞길을 막는 늙은이가 되고 싶지 않다. 70살까지 난 매우 건강하다고 느꼈고, 원하는 어떤 활동에도 참여할 수 있었으며, 여전히 바쁘고 쓸모가 있다고 느꼈다. 그러나 이제 모든 게 바뀌었다. 비록 지금 건강해도 내 삶이 다했고, 죽을 준비가 돼 있다."

죽기 전날, 그녀는 라인 강변에서 마지막 만찬을 즐겼다. 남편은 "마지막 순간, 모든 게 고요했고 즐거웠다"라고 말했다. 《런던타임스》에 따르면 패러우는 죽기 바로 직전에도 의사와 농담을 주고받을 정도로 심리적으로도 평온하게 생을 마감했다고 한다. 그녀의 안락사를 도운 마이클 어윈 박사는 "사람들은 패러우가 좋지 않게 늙어가는 것을 피하기 위해 죽음을 선택한 게 잘못됐다고 말할지도 모른다"면서 "그러나 호스피스 간호사로 일하면서 고통스러운 경험을 너무 많이 한 그는 이성적인 결정을 내렸다고 생각한다. 그는 선수를 치는 편이 차라리 낫겠다고 판단했다"라고 말했다.[1]

사는 것도 어렵지만, 죽는 것도 사는 것 못지않게 어렵다. 그렇다면 어떻게 죽는 것이 좋을까? 많은 사람들이 주위에 폐를 끼치지 않아야 하는 점을 꼽았다. 또한 고통이 적고, 투병 기간이 오래가서는 안 된다고 했다. 마지막으로 가족과 함께 집에 있기를 희망했다.

종합하면, 호스피스 가료加療를 받으며 집에서 임종하기를 원하는 것이다. 그러나 실제로는 가족의 편의에 의해 임종과 장례가 이루어지는 경우가 많다. 안타까운 일이다. 마지막 가는 길만은 망자의 뜻에 따라 임종이 이루어지기를 바란다.

---

1 《경향신문》 김세훈 기자의 기사 참조

사는 것도 어렵지만, 죽는 것도 사는 것 못지않게 어렵다.

그렇다면 어떻게 죽는 것이 좋을까?

많은 사람들이 주위에 폐를 끼치지 않아야 하는 점을 꼽았다.

◆ 아름다운 노년을 위한 ◆
◆ 꿀팁 ◆

【 '좋은 죽음(A Good Death)'의 조건 】

- 리처드 스미스(Richard Smith,《The BMJ》에디터)

1. 죽음이 다가오고 있다는 것과 무엇을 기대할 수 있는가에 대해 알고 있어야 한다.

2. 일어나는 일들을 합리적으로 통제할 수 있어야 한다.

3. 존엄성과 개인의 사생활 보장받아야 한다.

4. 고통 완화와 다른 여러 증상들에 대해 적절한 통제를 할 수 있어야 한다.

5. 어디서 죽음을 맞이할 것인가에 대해 선택할 수 있어야 한다.

6. 자신에 대한 정보나 전문가의 의견이 어떤 종류이건 간에 접할 수 있어야 한다.

7. 영적인 후원이나 정서적인 후원이 필요할 때, 그것에 접근할 수 있어야 한다.

8. 어디에 있든, 호스피스 완화의료적인 돌봄을 받을 수 있어야 한다.

9. 내 옆에 누가 있어야 하고, 마지막을 누구와 함께하고 싶은지
   에 대해 발언권이 있어야 한다.

10. 자신이 원하는 바가 존중된 '사전의료의향서'를 작성할 수
    있어야 한다.

11. 마지막 작별 인사를 할 수 있는 시간을 가져야 한다.

5

나는
이렇게
임종하고 싶다

◆　　◆

◆

　　국립암센터에서 호스피스 공부를 할 때다. 마지막 시간에 유언을 써서 발표하는 프로그램이 있었다. 자신의 죽음을 미리 생각할 수 있는 좋은 시간이었다. 수강생들은 차례대로 앞에 나와 자신의 유언장을 읽었다. 나이 어린 간호사도 있었고, 연세가 지긋한 어르신도 계셨다.

　　죽음을 앞두면 다들 어른스러워지는 것 같다. 30대에 불과한 의료인도 유언장에 속 깊은 생각을 담았다. 나이가 젊은 사람은 부모에게, 나이가 많은 사람은 자녀에게 유언을 남겼다. 유언 낭독이 시작되자 장내 분위기가 숙연해졌다. 유언장을 읽어 내려가는 사람들 대부분의 목소리는 잠겨 있었고, 더러는 눈물도 보였다.

나는 아이들에게 유언장을 썼다. 비록 수업의 한 과정이었지만 지난날이 주마등처럼 나의 뇌리를 스쳐갔다. 잘한 일보다는 후회스러운 일이 많았다. 나 역시 유언장을 읽으며 눈시울이 뜨거워졌다. 호스피스 과정이 끝나고 아이들 앞으로 유언장을 다시 썼다. 아래는 그때 쓴 유언장이다.

사랑하는 나의 아이들에게

오늘은 나의 장례에 관해 몇 자 적겠다. 내가 이런 얘기를 한다고 놀랄 건 없다. 지금 내게 무슨 큰 병이 있는 건 아니니까. 하지만 여기저기가 불편하고 마음이 약해진 건 사실이다. 언제가 될지는 모르겠으나, 어차피 나이가 들면 세상을 떠날 것이고 그때를 대비해서 미리 너희에게 나의 뜻을 전해주는 게 좋겠다는 생각이 든다.

왜 이런 생각을 하냐면, 사람들이 죽음을 남의 일로만 여기고 있다가 막상 일이 닥치면 우왕좌왕하는 모습을 많이 보아왔거든. 그리고 장례의 절차에 대해 가족끼리 의견이 달라 서로 다투는 것도 보았고. 또 경험이 없다보니 주위 사람들의 말에 휘둘리는 경우도 많다. 너희 형제는 제발 그러지 않았으면 한다. 그래서 나의 뜻을 아래와 같이 밝히니 임종에 관해선 부디 당사자의 뜻을 존중해주었으면 좋겠다.

1. 내게 임종의 순간이 다가온다면 나는 병원이 아니고 집에 있기를 바란다. 지금도 임종을 앞둔 사람들이 무의미한 연명치료를 계속하며 중환자실에 있다가 아무도 없는 새 벽에 그저 홀로 죽음을 맞이하는 경우가 적지 않다. 얼마 나 서글픈 일이냐. 그러므로 나의 병이 악화되면 집으로 옮기도록 해라. 나는 얼마를 더 사는 것보다 내가 있던 곳 에서 너희의 손을 잡고 떠나고 싶다.

2. 임종을 하더라도 나의 시신을 병원의 장례식장으로 옮기 지 말았으면 한다. 살아서도 그렇지만 죽어서도 병원에는 가기 싫다. 더구나 차가운 시신 보관소에 있고 싶은 사람 이 어디 있겠니? 요즘은 공동주택에서 생활하기 때문에 이웃에게 좀 불편할진 모르겠지만 짧은 기간이니 양해를 구하고 집에서 장례를 진행했으면 한다.

3. 추운 겨울이 아니라면 방의 창문은 좀 열어두었으면 좋겠

다. 비록 죽은 몸이지만 그래도 밤하늘의 별도 보고 싱그러운 공기도 마시고 싶다. 혹시 아니? 새라도 울어 줄지.

4. 나의 관은 고급스러운 것을 사용하면 안 된다. 저급한 것도 괜찮지만 너희의 마음이 아플지 모르니 그저 중간 정도 가격의 관을 쓰도록 해라. 그리고 수의를 입히지는 말아라. 항상 새 옷은 불편할 뿐이다. 그리고 수의를 마련하기 위해 돈을 쓸 필요도 없다. 그 대신 내가 가장 아꼈던 양복을 입히도록 해라. 그게 보기에도 좋을 게다. 그리고 염을 한 후 염포로 수족을 묶는 행위도 하지 마라. 내가 무슨 잘못을 한 것도 아닌데 그것도 볼썽사납다. 다만, 관을 옮기다가 시신이 흔들릴 수도 있으니 공간에는 내가 입던 평상복들을 잘 채워 넣었으면 좋겠다.

5. 나의 장례 절차에 직업적인 장의사가 관여하지 않기를 바란다. 내가 아무리 몸을 움직일 순 없다고 하더라도 남의 뜻에 따라 내 몸이 다루어지는 것은 원치 않는다. 다만, 너희가 잘 모르는 게 있을 땐 그저 조언 정도만 듣도록 해라. 너희가 직접 장례 절차를 진행하는 게 불편할 수도 있겠지만, 좋은 경험이 될 거라고 믿는다.

6. 임종의 순간에 내가 의식이 있으면 모르되, 만일 의식이 없다면 인공호흡기를 삽관하거나 심폐소생술을 하지 마라. 그 시술을 무시하는 게 아니고 임종을 앞둔 노인들에게는 효과가 거의 없다. 임상 의사의 말을 빌리면 목에 가시가 걸려도 괴로운데 큰 호스를 삽입하는 건 환자에게 너무 고통스럽다고 한다. 그리고 무엇보다 말을 할 수가 없으니 얼마나 답답하겠니? 나는 그저 조용하게 가고 싶다.

7. 나는 죽음이 다가오면 단식을 하다 죽고 싶다. 그러므로 강제로 급식을 시켜서는 안 된다.

8. 나의 임종 소식을 외부에 알리지 마라. 살아서도 그렇지만 죽어서도 남에게 폐를 끼치고 싶진 않다. 많은 사람들을 불러들이는 것도 번거로운 일이다. 그리고 조문객을 맞이하느라고 가족끼리 보내야 할 그 소중한 시간을 빼앗겨서도 안 된다. 다만, 너희가 이름을 기억하고 있는 나의 몇몇 친구에게 알리는 건 괜찮다. 아마 그들도 너희처럼 나와의 이별을 아쉬워할 게다. 그리고 너희를 도와줄 수도 있을 거고.

9. 만일 너희에게 자식이 있다면 아이들도 장례 절차에 참여시키도록 해라. 요즘엔 핵가족화되고 또 병원에서 임종하는 경우가 많기 때문에 어린아이들이 죽음을 체험할 수 있는 기회가 거의 없다. 그런 까닭에 죽음을 잘 모르고, 죽음에 대해서도 막연한 두려움을 갖게 된다. 그러므로 할아버지의 죽음을 통해 나의 손자들이 소중한 경험을 얻고, 많은 걸 배우게 되기를 바란다.

10. 나는 수목장이 바람직하다고 생각하지만, 우리 가족 묘지가 있으니 별도로 여기저기 알아보지 말고 그곳을 이용하는 게 좋겠다. 그리고 무덤에 봉분을 올리거나 비석을 세우지는 마라. 다만, 위치를 표시하기 위해 작은 돌을 하나 놓는 건 괜찮다.

11. 나의 죽음을 너무 슬퍼하진 마라. 나는 그런대로 잘 살아왔다. 그리고 아직은 잘 모르지만, 미지의 세계에 가서도 잘 지낼 것이다. 또 장자의 우화처럼 죽은 사람이 살아 있는 사람을 가엾게 여길지도 모를 일이다. 오히려 나의 죽음을 통해 너희가 형제의 우애를 다지고, 죽음의 의미를 생각하는 기회가 되기를 바란다.

죽음은 삶에서 겪는 마지막이자 가장 귀중한 경험이다. 죽음의 순간에 어떤 생각을 갖느냐에 따라 그의 내세가 결정된다는 얘기도 있다. 여하간 그 순간은 죽어가는 사람에겐 깨달음을 얻을 수 있는 마지막 기회이며, 자기가 공경하던 신에게 귀의하기 위해 기도하는 엄숙한 시간이다. 그러므로 그 순간에 가족들이 울음을 터트린다거나 소란을 피워 죽어가는 사람의 정신을 어지럽게 해선 안 된다. 가급적 죽어가는 사람이 마음의 평안을 얻을 수 있도록 곁에서 도와주었으면 좋겠다.

이상이 나의 임종과 장례에 관하여 내가 바라는 바다. 시간이 지나면 또 생각이 바뀔지 모르겠으나 크게 달라지진 않을 것이다. 유념해두었다가 일을 닥쳐서 당황하는 일이 없도록 해라. 또한 평소 죽음을 묵상하고 어떻게 삶을 살아야 할지를 생각하는 시간이 되었으면 한다.

_ 서재에서 아버지가

6

생활 속
작은
선행

◆   ◆

◆

직장생활을 할 때 주로 내 차를 타고 다녔는데, 어느 날 한번은 차를 정비해야 할 일이 있어 버스를 이용한 적이 있었다. 배차간격이 길어서 그런지, 오랫동안 기다려도 버스가 오지 않았다. 버스정류장에서 기다리다보니 혼자 출근하는 자가용 차들이 눈에 많이 띄었다. 그 차들을 보면서 '같은 방향이면 나 좀 태우고 가면 좋으련만' 싶었다. 한참 만에 온 버스를 타고 가며 내일부터는 내가 그렇게 실행하리라 마음먹었다.

그다음 날부터 버스정류장에 가서 사람들을 태우기 시작했다. 처음에는 이상하게 생각해선지 잘 타지 않으려고 했다. 자가용 영업을 한다고 오해하는 사람도 있었다.

나는 카풀Car Pool, 승용차 함께 타기을 하며 많은 사람을 만났다. 그들과 함께 출근하며 재미있는 얘기도 나누었다. 어떤 때는 내 친구의 옛 직장상사를 만나기도 했다. 또 어떤 때는 할머니 할아버지를 모시기도 하며 여러 계층의 다양한 사람들과 인연을 맺었다. 목적지에 도착해서 그들이 '태워줘서 고맙다'고 인사하면, 난 '제 차에 타주셔서 고맙다'고 말했다. "여러분을 모셔다드리면 하루를 즐겁게 시작할 수 있거든요" 하면서 말이다. 그러던 어느 날, 아내가 이런 얘기를 했다. "여보, 당신 의도는 좋지만 혹시라도 교통사고가 나면 당신이 다 책임을 져야 해요." 그 말을 들으니 덜컥 겁이 났다. 그래서 그다음 날부턴 운전을 더 조심하게 되었다. 이것도 카풀을 하며 얻은 소득 중하나다.

카풀에 얽힌 에피소드가 참 많다. 어느 날 버스정류장에 한 사람이 서 있었다. 캐주얼 차림이어서 '어디 놀러 가냐'고 물었더니, 직장에 출근하는 길이라고 했다. 알고 보니 직업이 한 의사였다. 덕분에 공짜로 건강 상담도 할 수 있었다. 그도 나처럼 음악을 좋아해서 가는 내내 많은 이야기를 나누었다. 몇 달 뒤 그를 다시 버스정류장에서 만났다. 그는 차를 두고 와서 버스를 기다린 적이 딱 두 번 있는데, 그때마다 나를 만난다며 신기해했다. 참 묘한 인연이다. 그 뒤 그는 직장을 분당으로 옮겼고, 우리 가족이 그가 개설한 한의원에 다니기도 했다. 그는 의료봉사하러 해외에 갔다가 사왔다면서 내게 커피를 선물하기도 했다.

또 한 사람은 벤처기업의 사장이었다. 그 전날 술을 먹고 차를 놓고 왔단다. 그는 고맙다고 하면서 자기도 다음부터 나처럼 카풀을 하겠다고 말했다. 그 말을 들으니 참 기분이 좋았다. 나의 조그만 수고가 다른 사람에게 전파된다는 사실에 마음이 뿌듯해졌다. 그 당시 나는 벤처기업에 대한 컨설팅도 하고 있었으므로 그에게 몇 마디 조언을 해주었다.

은퇴한 뒤론 그럴 기회가 많지 않지만, 요즘도 가끔 카풀을 한다. 얼마 전에 서판교 운중동으로 이사를 왔다. 운중동은 판교의 맨 가장자리에 위치하고 산기슭에 있어 공기가 맑다. 내가 사는 아파트 단지 안에는 자연 그대로의 시냇물도 있다. 도심 속에서 시냇물을 보다니, 우리 아파트 주민들은 참 복도 많은 사람들이다. 아파트 창문을 열면 냇물 흐르는 소리가 들린다. 자연환경도 좋고 주변도 조용한데, 딱 하나 부족한 것이 있다. 바로 대중교통 수단이다. 간선도로에서 수백 미터나 떨어져 있어 일반 버스는 없고, 마을버스만 다닌다. 그런데 배차간격이 너무 길어서, 마을버스를 한 대 놓치면 30분은 족히 기다려야 한다. 나는 사무실에 갈 때마다 틈틈이 마을버스를 기다리는 사람들을 태워 전철역에 내려주었다.

그날도 30대 주부가 아이를 하나 데리고 버스를 기다리고 있었다. 어디 가냐고 하니, 어린이집에 가려고 버스를 기다린다고 했다. 행선지를 물어보니 꽤 멀었다. 어서 타라고 했다. 그녀에게 길을 물어 어린이집에 데려다주었다. 나 또한 그녀와 같은 나이대의 딸이 있고 손자가 있어, 그녀의 수고가 남의 일 같지 않았다. 예전에 젊은 여자들은 세월이 하도 수상해선지 타라고 권해도 잘 타지 않았다. 그러나 이제는 내가 나이가 들어선지 그런 의혹은 많이 없어졌다.

한번은 마을버스정류장에서 꼬부랑 할아버지를 만났다. 행선지를 물어보니 분당선 전철 서현역까지 가신단다. 차를 함께 타고 가면서 이런저런 이야기를 나누었다. 나이는 91세이고, 몇 년 전에 할머니가 돌아가셔서 지금은 홀로 딸네 집에 살고 계신다고 했다. 나는 왜 전철역에 가시냐고 물었다. 서현역에서 전철을 타고 모란역까지 간 다음, 다시 버스를 갈아타고 성남 구시가지에 있는 노인정에 가시는 길이란다. 걷는 게 수고스러우실까 봐 전철역 입구에 내려드리고자 했는데, 자신이 지리를 잘 알고 있으니 그럴 필요 없다며 전철역 인근에 내리셨다.

서판교에도 노인정이 있고 분당 가까이에도 노인정이 많은

데, 왜 할아버지는 굳이 전철과 버스를 갈아타고 성남 구시가지에 있는 노인정으로 가시는지 의아했다. 아마 그 노인정에는 할아버지를 기다리는 미모의 할머니가 있을지도 모를 일이다. 91세라도 이렇게 정정하시면 할머니들에게 인기가 있을 거라는 생각에 절로 미소가 지어졌다. 할아버지를 모셔다드리고 돌아오는데, 문득 책에서 읽었던 일화가 생각났다.

어느 사람이 길을 가다가 과수원에서 복숭아나무를 심는 할아버지를 봤다. 그가 물었다.

"할아버지, 설마 살아생전에 이 나무에서 복숭아 따먹기를 기대하시는 건 아니겠지요?"

"내 나이에 복숭아를 따먹게 되리라곤 생각지 않소. 나는 평생 내가 심지 않은 나무에서 딴 복숭아를 즐겨 먹었소. 지금 내가 하는 일을 예전 사람들이 해주지 않았다면, 나는 복숭아를 맛보지 못했을 거요. 그게 내가 복숭아나무를 심는 이유라오."

지금 내가 누리는 편안함과 행복은 나 이전에 누군가가 선물한 것임을 깨닫는다. 그들이 복숭아나무를 심지 않았다면 나 역시 복숭아를 맛보지 못했을 것이다. 이야기 속 할아버지는 어느 한 사람을 겨냥해서 복숭아나무를 심지는 않았을 것이다. 나 또한 내가 지금 하는 일이 이름 모를 다른 사람에게 편안함을 주었으면 좋겠다. 이런 작은 일이 전파되어 우리 이웃들의 관계가 좋아진다면 그보다 더 보람된 일이 어디 있겠는가.

요즘 우리 사회에 '공유경제'가 유행이다. 공유경제란, 물건을 소유하지 않고 서로 빌려 쓰고 나눠 쓰는 소비 형태를 말한다. 카풀도 공유경제의 일종이다. 자동차를 같이 쓴다면 그만큼 에너지 소비도 줄어들고 환경도 좋아질 것이다. 최근에는 경기침체와 환경오염에 대한 대안을 모색하는 사회운동으로 확대되고 있다.

불교의 윤회를 믿는 건 아니지만, 혹시라도 다음 생에 다시 이 땅에 태어났을 때 먼저 살았던 사람들이 훼손해놓았을 지구의 환경을 생각하면 그것도 유쾌한 일은 아니다. 생활 속 작은 일이지만 실천할 수 있는 일은 뒤로 미루지 말고 지금이라도 해야겠다. 그게 머지않은 미래에 바로 당신이나 후손에게 돌아오기 때문이다.

7

세상의 요구와
당신의 재능이
만나는 접점

◆   ◆

◆

예전에 살았던 아파트 맞은편에 산이 있었다. 길
만 건너면 곧장 산으로 이어져서, 산에 오를 때면 늘 그 길을
이용했다. 어느 날 그곳에 펜스가 설치되었다. 알고 보니 성남
아트센터라는 공연장이 들어선다고 했다. 왜 하필 이곳에 문화
회관을 지을까, 의아했다. 전철역에서도 멀고, 사람이 모이기
보다는 통과하는 지역이기 때문이었다.

2년여에 걸친 공사 끝에 건물이 완성되었다. 꽤 건축비가 들
었을 것 같은데, 건물 외관을 보고 다소 실망했다. 문화예술회
관이라면 그에 걸맞은 미적 요소가 있어야 할 텐데, 그런 특징

이 없었다. 당시에는 자자체장들이 경쟁적으로 지역문화회관을 지을 때였다.

공연장도 세 동이나 되었다. 규모가 제일 큰 오페라하우스 주변으로 콘서트홀과 앙상블시어트가 들어섰다. 예술의 전당이 지척에 있는데 분당에 이렇게 큰 문화센터가 들어설 필요가 있었을까? 과연 세 개 공간을 채울 정도로 다양한 문화예술 프로그램이 올려질까 궁금했다.

이 건물을 짓느라 건축비가 1,600억 원이 들었단다. 시민들이 미리 알았으면 아마 반대했을지도 모를 일이다. 콘서트홀 하나만 짓고 아낀 경비는 다른 곳을 위해 쓰였을 수도 있었을 텐데. 하지만 어쩌랴. 건물은 이미 지어졌고 이제 할 일은 문화센터가 활성화되기만을 바랄 뿐이다.

개관에 앞서 자원봉사자를 모집한다는 공고가 났다. 집과 가까운 데다가 은퇴한 후 지역 사회를 위해 무언가 해야겠다는 생각을 하던 차라 지원했다. 성남아트센터에서는 두 개의 과정으로 자원봉사자의 반을 편성했다. 하나는 공연예술 모니터링 과정, 다른 하나는 문화예술 자원봉사자 과정. 공연예술 모니터링 과정은 직장인을 고려하여 주말에 교육이 시작되었고, 문화예술 자원봉사자 과정은 평일 낮 시간에 편성되었다. 나는 은퇴 후 시간 여유가 있어 두 과정 모두 지원했다.

교육 프로그램은 비교적 잘 짜여졌다. 3개월에 걸쳐 교육을 실시했는데, 음악·미술·공연 전문가들이 와서 각 분야에 대한 모니터링 요령을 전수했다. 이렇게 자원봉사자 교육이 체계적으로 있었던 건 아마 성남아트센터가 처음이지 않을까 싶다. 그 이면에는 예술의 전당과 세종문화회관 사장을 역임한 이종덕 대표의 관심이 컸을 것으로 짐작된다.

교육을 받는 동안 학생들의 추천으로 내가 교육생 대표로 선출되었다. 어느 날, 성남아트센터 스태프에게 교육생의 이력을 좀 보자고 했다. 짐작은 했지만 교육생들의 이력은 실로 다양했다. 기업 임원부터 전직 대학교수, 동시통역사, 방송작가까지 참으로 여러 분야에서 활동한 사람들이었다. 나이대도 20대부터 60대까지 광범위했다. 이들의 경험을 잘 이용하면 좋겠다는 생각이 들었다.

자원봉사자 교육이 끝나면서 공연예술 모니터링 과정과 문화예술 자원봉사자 과정이 일원화되었다. 자원봉사자들은 경력과 희망에 따라 공연팀, 전시팀, 모니터링팀, 문화팀 이렇게 네 개 팀으로 나누어졌다.

전시팀은 미술전 홍보를 위해 포스터를 붙이기도 하고, 전시회 작품을 감시하며 관람객을 안내했다. 어느 날, 지금은 다른 지역 문화예술회관 대표가 된 모 국장이 미술관 가이드북 제작을 자원봉사자 전시팀에 의뢰했다. 출판 경험도 있고, 나름 미술에 대해선 일가견이 있는 사람들이라 기쁘게 수락했다. 자원봉사자들은 직장에 휴가까지 내가며 제작에 참여했다.

그런데 일은 순조롭지 않았다. 성남아트센터 직원과 전시팀 요원이 서로 협의하는 과정에서 불협화음이 생긴 것이다. 자신들이 맡았어야 할 일을 자원봉사자들이 한다고 생각해서인지, 성남아트센터 직원들은 시큰둥한 반응이었다. 아마도 자신의 존재가치가 희석되는 것을 못마땅하게 여겼거나, 아니면 자원봉사자들의 면면을 잘 알지 못했기 때문일 것이다. 전시팀장이 내게 이런 분위기 속에서 계속 미술관 가이드북 제작을 추진해야 하는지 물어왔다.

나는 그를 달랬다. 우리가 성남아트센터를 위해 자원봉사하기로 한 거니까 어렵더라도 직원들과 각을 세우진 말자고 설득했다. 우여곡절 끝에 가이드북이 완성되었다. 처음의 취지가 다소 퇴색이 되었으나, 그래도 자원봉사자들은 자신의 의견이 반영된 책을 보며 보람을 느꼈다.

그 뒤 자기계발을 희망하는 전시팀 요원 몇몇이 미술 스터디 모임을 만들었다. 한 달에 한 번씩 주말에 정기적으로 모여 화가의 세계를 연구한 후 발표했다. 이 모임은 지금도 이어지고 있다.

프로와 아마추어의 차이는 무엇일까? 프로는 돈을 벌기 위해 일하는 사람이고, 아마추어는 그렇지 않은 사람이다. 대개의 경우 프로는 그 일을 하기 위해 학교에서 관련 지식을 전공하거나 전문가 밑에서 오랫동안 경험을 쌓는다. 당연히 프로가 아마추어보다 실력이 앞설 것이다. 그러나 간혹 프로 못지않은 실력을 갖추고도 여전히 아마추어로 남아 있는 사람이 있다. '아는 것은 좋아하는 것만 못하고, 좋아하는 것은 즐기는 것만 못하다'는 옛말도 있지 않은가. 바로 성남아트센터 자원봉사자들이 그런 경우다.

전시팀장을 맡은 Y씨는 대학에서 경영학을 전공했고, 졸업 후 일어 통역 및 일본 관련 사업을 하며 동호인들과 함께 화실에서 그림을 그리는 화가다. L씨는 영어학과와 통역대학원을 졸업한 뒤 오랫동안 외화번역가로 일했었다. 텔레비전 외화 시리즈 〈6백만 불의 사나이〉, 〈X-파일〉 등이 그가 번역한 작품들이다. 지금은 번역에서 손 떼고 화가로서 인생 2막을 살고 있다. 지금까지 네 차례의 전시회를 가졌다. 고등학교 교사로 재직 중인 K씨는 역사를 전공한 것을 계기로 미술사 연구를 하고 있다. 막내 격인 직장인 H씨는 화가로의 변신을 꿈꾸며 미술에 대한 안목을 꾸준히 키워가고 있다. 나 역시 직장생활을 통해 미술에 관심을 갖게 되었으며, 은퇴 후에도 전시회를 자주 찾는 미술애호가다.

어느 날, 자원봉사자 업무를 담당하는 직원으로부터 연락이 왔다. 얼마 후 '영국현대회화전'이 열리는데, 전시팀 요원들이 그곳에서 도슨트 역할을 하면 어떻겠냐는 제안이었다. 다들 찬성했다. 요원들은 전시기획팀 직원들의 협조로 영국현대회화전에 대한 개요 설명을 듣고, 각자 일정에 따라 조를 짰다. 남들에게 뒤질세라 열심히 공부한 덕분에 전시는 성공적으로 끝이 났다. 자원봉사자 요원들에게도 좋은 경험이 되었을 것이다.

모니터링팀은 공연과 전시 등을 관람한 후 평가하는 역할을 하는데, 모니터링한 의견을 서로 교환하며 공연기획자들이 팁으로 사용할 수 있도록 글을 올리기도 한다. 팀장인 Y씨는 음악대학에서 박사과정을 수료했으며, 팀원들을 위해 한 달에 한 번씩 서양음악사와 오페라에 대해 강의를 진행했다. 〈피가로의 결혼〉, 〈세비야의 이발사〉 같은 오페라를 DVD로 감상한 후 해설을 곁들인 그의 강좌는 모두에게 인기가 좋았다.

공연팀은 주로 공연장 입구나 로비에서 안내와 전화봉사를 한다. 때론 공연 중에 부모와 함께하지 못하는 7세 이하 어린이를 놀이방에서 돌보기도 한다. 한번은 이런 일도 있었다. 콘서트홀을 오르는 계단에서 관객 한 명이 갑자기 실신한 것이다. 이때 공연팀 요원이 119에 급히 연락해 병원으로 안전하게 이송할 수 있었다.

오랜 시간 외부에서 관객을 안내하는 것이 어쩌면 지루하고 별로 가치가 없는 일로 여겨질 수도 있다. 그러나 자원봉사자들의 세상을 보는 시각과 삶의 가치는 남다르다. 예술가들의 그림자를 자처하며 예술과 함께하겠다는 생각은 예술가들보다 더욱 순수한 예술의 결정체일지도 모른다.

어느 조사에 따르면, 미국의 경우 자원봉사활동이 여느 국가보다 활발하다고 한다. 이들이 하는 일을 경제적 가치로 환산하면 1년에 무려 3천억 달러에 달한다고 한다. 우리 돈으로 300조 원이 넘는 금액이다. 최근 우리나라도 점차 기업과 학교를 중심으로 자원봉사자의 활동이 확산되는 추세라고 하니, 반가운 일이다.

자원봉사활동은 그로 인한 경제적 가치도 크지만, 봉사하는 사람들에게도 적지 않은 기쁨을 준다는 점에서 소중한 가치를 찾을 수 있다. 은퇴자들이 소망하는 일 2위가 바로 '자원봉사'다. 이 땅에 태어나서 의미 있는 일을 한번 해보고 싶다는 것이다. 인생 2막을 어떻게 살아야 할지 고민된다면 자원봉사를 시작해보라. 그곳에서 세상의 요구와 당신의 재능이 접점을 이룬다면, 그보다 좋은 일이 어디 있겠는가.

오랜 시간 외부에서 관객을 안내하는 것이 어쩌면 지루하고 별로 가치가 없는 일로

여겨질 수도 있다. 그러나 자원봉사자들의 세상을 보는 시각과 삶의 가치는 남다르다.

예술가들의 그림자를 자처하며 예술과 함께하겠다는 생각은

예술가들보다 더욱 순수한 예술의 결정체일지도 모른다.

8

시각장애인의
두 눈이
되다

♦   ◆

♦

　　　　우리 몸이 천 냥이라면 눈이 구백 냥이라는 속담이 있다. 그만큼 신체 장기 중에서 눈이 제일 중요하다는 얘기다. 실제로 학자들의 전언에 따르면, 우리가 얻는 정보의 90퍼센트 이상은 눈을 통해서 얻는다고 한다. 그런데 이렇게 중요한 눈이 보이지 않는 사람이 있다. 시각에 장애가 있는 사람들이다. 통계를 보니 그 숫자가 50만 명을 넘는다고 한다. 생각보다 많다.

　은퇴하고 몇 년간 분당 FM에서 방송을 진행하던 중 지인으로부터 시각장애인도서관의 존재를 알게 되었다. 커뮤니티 라디오방송국에서 시민들을 위해 방송하는 것도 좋지만, 눈이 불편한 사람들을 위해 책을 낭독하는 일이 더 시급하게 생각되었다. 개포동에 있는 하상시각장애인도서관에서 도서낭독봉사자를 모집한다는 얘기를 접하고 바로 지원했다.

도서낭독봉사는 봉사를 하겠다는 의지가 있다고 해서 누구나 할 수 있는 것은 아니다. 우선 발음이 정확하고 목소리가 낭독하는 데 적합해야 한다. 또 오랫동안 봉사를 지속할 수 있는 끈기도 필요하다. 책을 한 권 읽으려면 여러 날이 걸리기 때문이다.

시험에서 선발된 교육생들은 시각장애인의 어려움을 체험하는 과정을 거친다. 나는 지금도 그날의 기억을 잊지 못한다. 두 명이 조를 이뤄 실시되는데, 먼저 교육생들의 눈을 가리고 알루미늄 스틱을 하나씩 지급한다. 그래도 혹시 안전사고가 날까 봐 한손으론 다른 교육생의 팔꿈치를 잡게 한다.

모두 교실을 나섰다. 계단을 오르는 것까지는 괜찮았다. 그러나 길거리로 나서자 여러 가지 장애물이 우리를 기다리고 있었다. 아파트 단지 안에 설치된 요철에 걸리기도 했다. 만일 누군가의 팔꿈치를 잡고 있지 않았더라면 넘어졌을 것이다. 아파트 단지 밖을 나와 차도 옆의 인도를 걸어가는데, 차량의 경적 소리가 요란했다. 눈을 감고 있으니 마치 나를 향해 전속력으로 달려오는 듯했다. 횡단보도를 건널 때도 혼자라면 도저히 건너지 못했을 것이다.

처음엔 가벼웠던 알루미늄 스틱도 시간이 지날수록 무겁게 느껴졌다. 그제야 나는 시각장애인들의 어려움이 정상인들이 상상하는 것보다 훨씬 크다는 걸 깨달았다. 바로 이것이 주최 측에서 교육을 시킨 목적이다. 그들이 얼마나 어려운 삶을 헤쳐 나가고 있는지, 직접 체험을 해봐야 자원봉사를 해야겠다는 마음이 더욱 굳어지기 때문이다. 타인의 입장에서 생각해보는 것만으로는 진정한 공감을 이룰 수 없다. 그럴 것이라고 추론하는 것과 실제의 경험 사이에는 괴리가 존재하기 때문이다. 어쨌든 교육생들은 이렇게 서로 교대로 팔꿈치를 잡고 도서관으로 돌아옴으로써 무사히 과정을 마쳤다.

하상시각장애인도서관엔 100여 명의 자원봉사자가 있다. 자원봉사자들 대부분은 주부나 학생들이다. 물론 회사원도 있다. 그들은 대개 직장이 쉬는 토요일에 봉사를 한다. 장애인복지에 관한 일은 국가가 주관이 되어야 할 것 같은데, 이상하게 시각장애인도서관은 공립보다는 사립이 많다. 시각장애인을 지원하는 일이 우리 정부가 시행하는 복지정책의 사각지대에 있는 건 아닌가 하는 생각이 든다.

언젠가 자원봉사자를 위해 조그만 모임을 마련한 적이 있다.

밀폐된 스튜디오에서 녹음만 하고 가니, 수평적으로 자원봉사자들을 만날 기회가 없었다. 비로소 서로 상견례를 할 수 있는 자리가 마련된 것이다. 어느 한 사람에게 이곳에서 봉사한 지 얼마나 되었냐고 물었더니 조금 되었다고 한다. 재차 물었더니 10년이 되었다고 답한다. "아니, 그렇게 오래되었습니까?" "하하, 저 사람은 20년인걸요."

일회성에 그치지 않고 이렇게 꾸준히 봉사하는 자세가 필요하다. 왜 이들이 이렇게 장기간 봉사를 하게 되었는지를 이해하려면 눈을 가리고 30여 분만 길거리를 걸어보면 알 수 있다. 그만큼 우리의 도움을 필요로 하는 시각장애인들이 많기 때문이다.

시각장애인도서관에서는 매월 일정량의 신간을 구입한다. 도서낭독 자원봉사자들은 그 책을 낭독 녹음한 후 시각장애인들이 열람할 수 있도록 비치해둔다. 그러면 시각장애인들은 녹음된 테이프나 MP3 파일을 통해 정보를 습득하게 되는 것이다.

나는 다른 사람들에 비해 목소리가 좋은 편은 아니다. 그래도 위안이 되는 건 내가 남자이기 때문이다. 별다른 의미가 있는 건 아니고, 시각장애인도서관에는 남자 봉사자가 귀한 편이다. 보통은 여자들의 목소리가 듣기 좋은데, 책의 내용에 따라선 남자가 읽는 게 더 나은 경우도 있다. 예를 들면 무협소설

같은 책이다. 그리고 도서관 스태프가 전하는 말로는, 여성 독자들 중엔 남자가 읽어주는 걸 좋아하는 이들도 있단다.

책의 종류는 문학작품부터 실용도서까지 다양하다. 내용이 좀 야한 책도 있다. 어떻게 이런 책을 읽어주느냐고 묻는 사람도 있을 수 있겠으나, 눈이 불편한 사람도 그런 책을 접할 권리가 있다. 시각장애인들도 일반인처럼 섹스에 관심이 많고, 오히려 환상을 자극하는 책을 더 좋아하기도 한다. 하지만 예산 부족으로 다양한 책을 사기는 어렵다. 그래서 내가 소유한 책을 갖고 가서 낭독할 때도 있었다.

책을 낭독하는 일은 생각처럼 쉽지만은 않다. 소리 내 읽다 보면 조사를 잘못 읽을 수도 있고, 또 입에 침이 고이면 발음이 분명치 않게 된다. 가끔 녹음된 걸 지우고 다시 읽어야 할 때도 있다. 그래서 눈으로 읽을 때보다 시간이 배 이상 소요된다. 낭독하다보면 어깨도 뻐근해지고, 어떤 때는 발에 쥐가 나기도 한다. 그럴 때는 잠시 기지개를 켜거나 스트레칭을 한 후 다시 의자에 앉는다.

나이가 들어 눈도 흐려지고 안구건조증까지 겹쳐 책을 읽기가 전처럼 쉽지는 않다. 그래도 책 읽는 일을 그만둘 수 없는 이유는 그들이 나를, 내 목소리를 기다리고 있다는 생각이 들기 때문이다. 우리가 책을 읽고 싶은 것처럼 그들 또한 책을 읽고 싶지 않겠는가.

이렇게 책을 읽어주는 일이 과연 그들에게 얼마나 도움이 될까, 하고 생각해본 적이 있다. 그런데 어느 날 신문을 통해 감동스런 기사를 읽었다. 바로 내가 다니는 하상시각장애인도서관에 등록한 시각장애인 학생 하나가 미국 미네소타대학의 로스쿨에 합격한 것이다. 이름이 '김현아'인 그녀는 망막색소변성증이라는 희귀한 병을 안고 태어나서 앞을 보지 못했지만, 어머니의 눈물어린 정성으로 부산 맹학교를 졸업하고 공주대학교를 다녔다. 그 뒤 서울로 와서 유학 준비를 했는데, 그녀에게 도서를 점역해준 곳이 바로 하상점자도서관이었다. 마침내 그녀는 시각장애인으로는 우리나라 최초로 미국 명문대학의 로스쿨에 진학하게 되었다.

신문을 통해 그 소식을 접하니 꼭 내 일처럼 기뻤다. 이런 것이 봉사하는 사람의 즐거움이다. 그녀가 좋은 성적을 받고 귀국하여 우리 사회를 위하여 보람된 일을 하리라고 기대한다.

일전에 국민연금공단에서 주최한 은퇴 준비 강연회에 다녀온 적이 있다. 축사를 해달라는 주최 측 부탁으로 참석한 것이다. 대회 시작 전에 국민연금공단의 임직원과 강사 몇 명이 잠깐 티타임을 가졌다. 그 자리에는 개그맨으로 활동했던 김병조 씨도 있었다. 우리는 수인사를 나누고 명함을 교환했다. 그는 조선대학교 교육대학원에서 초빙교수로 근무하고 있었다. 방송인으로 살아온 생이 먹고살기 위한 삶이었다면, 후반생은 그가 진정 원하는 일을 하고 있다는 생각이 들었다. 그러니까 나이가 들어 삶의 행보를 바꾼 것이다. 티타임을 마치고 대회장으로 향했는데, 꽤 많은 사람들이 왔다. 그만큼 사람들이 은퇴 준비에 관심이 많다는 뜻이리라.

식순에 따라 내가 먼저 축사를 했다. 내용은 대략 이랬다. "은퇴 준비가 어려운 건 사람마다 자라온 환경이라든가 생활방식, 가치관 등이 다르기 때문이다. 그래서 다른 사람의 말을 그대로 따라하면 실패하기 쉽다. 그렇기 때문에 남의 말은 그저 참고하는 데 그치고, 자신의 생각을 키우는 게 더 중요하다."

다음 차례는 김병조 교수였다. 전직 개그맨이다보니 유머도 섞어가며 참으로 말을 잘했다. 흔히 유명 인사들의 강의는 들을 때는 좋은데 돌아서면 별로 남는 게 없는 경우가 많다. 그의 강의도 그러지 않을까 염려되었는데, 순전히 기우였다. 강의 말미에 그는 자신의 단점을 하나 얘기하겠다고 했다. 실은 자신의 눈 하나를 실명했다는 것이다.

어느 날 눈이 몹시 아파 병원에 갔더니, 시신경을 끊지 않으면 안 될 일이 생겼다고 하더란다. 그렇게 한쪽 눈을 잃고 집에 돌아와 몹시 상심하고 있는데 아내가 "그래도 당신은 지금 한쪽 눈으로 볼 수 있지 않냐?"고 하더란다. 아내 역시 자신 못지 않게 실망하고 있을 거라고 생각했는데 이렇게 격려해주니 놀랐다고 한다. 그러면서 마음의 눈이 딱 떠졌단다. 많은 사람들이 박수로 화답한 것은 물론이다.

주위를 돌아보면 의외로 장애를 가진 사람이 많다. 몸만 성하다고 장애가 없는 것은 아니다. 어쩌면 우리 모두가 장애인인지도 모른다. 지금 장애가 없더라도 앞으로 장애가 있을 개연성도 있다. 실제로 녹내장, 황반변성 등 이름도 희귀한 병으로 실명하는 사람이 늘고 있다. 누구나 이렇게 시각장애인이 될 수 있음을 인지하고, 눈이 보일 때 서로 도우며 살아갔으면 좋겠다.

9

은퇴 후
가장 먼저
한 일

◆　　　◆

◆

　　직장에 사표를 내고 가장 먼저 한 일은 분당에 조
그만 대안문화공간을 오픈한 것이다. 이런 공간을 열게 된 배
경에는 오래전 직장에서 경험했던 즐거운 추억이 자리하고 있
었다. 30대 초반에 난 명동에 있는 한 금융회사에 다니고 있었
다. 당시 서대문 예음홀에서는 작은 음악회가 열리곤 했었다.
클래식 음악을 좋아했던지라 틈틈이 들러 고전음악에 대한 갈
증을 풀었다.

　예음홀은 정규 음악홀이 아니라 20~30평 남짓한 조그만 실
내공간이었다. 그곳에서 젊은 연주자들이 가벼운 실내악을 연

주했고, 연주가 끝난 뒤에는 관객과 다과를 즐기며 뒷이야기를 나누었다. 당시 젊은 연주자들 중에서 기억나는 사람을 꼽으면 예술의 전당 이사장을 역임했던 피아니스트 김용배, 이화여대 교수로 재직 중인 바이올리니스트 이택주 그리고 한국예술종합학교 교수로 재직 중인 비올리스트 오순화 등이다.

그때만 해도 다들 20대 후반의 젊은 연주자였는데, 지금은 우리나라 음악계를 이끌어가는 중견 연주자가 돼 있다. 나는 직장생활을 하며 은퇴 후 이와 같은 공간을 운영해보고 싶다는 꿈을 키웠고, 은퇴한 후 그 꿈을 현실로 옮겼다. 분당 서현동에서 50평쯤 되는 공간을 빌려 대안문화공간을 연 것이다. 경제적 여유가 있는 것도 아니어서 퇴직금을 공간 빌리는 전세보증금으로 이용했다.

그곳에서 매주 1회 실내악 공연을 했다. 연주회가 있는 날에는 만화가이자 클래식 음악 해설가인 신동헌 화백이 그날 연주할 곡에 대한 개요를 관객에게 미리 설명해주었다. 신동헌 화백은 관객들이 음악을 듣는 동안 연주자의 모습을 스케치해서 연주자들에게 기념물로 주곤 했다. 아마 연주자들에겐 좋은 선물이 되었을 것이다. 음악회가 끝나면 좌석을 정리한 후 와인을 곁들인 파티를 열었다. 어떤 때는 음식이 모자라 쩔쩔매던 기억도 있다.

음악회만 연 것은 아니었다. 한 달에 한 번씩 전시회도 열었다. 판화가 이철수 씨처럼 이름이 많이 알려진 화가부터 수채화를 그리는 동네 주부들까지, 우리 공간은 모두에게 열려 있었다. 언젠가 음악회에 들렀던 손님이 전시된 수채화를 보고 살 수 있냐고 묻기에 가능할 거라고 답했다. 수채화를 그린 아주머니께 전화를 걸어 손님의 의향을 전한 후 그림 매매를 성사시켰다. 자신의 그림을 누가 사갔다는 사실에 몹시 흥분했던 아주머니가 지금도 생생하게 떠오른다.

문화 사업이란 게 남들 보기엔 좋을지 모르겠지만, 공간을 운영하는 일은 생각보다 어려웠다. 공연 후에 수북이 쌓인 쓰레기들, 복도에 침을 뱉은 흔적들, 어지럽혀진 화장실, 무대 여건의 불비함을 투정하는 연주자를 달래는 일 등 내가 해야 할 일이 한두 개가 아니었다. 특히 공간이 음악 감상하는 데 적당치 않다는 일부 관객들의 비아냥조의 힐난은 나를 힘들게 했다. 물론 공간이 작아 여러모로 불편했고, 음향 시설도 좋지 않았다. 사실, 나도 좀 더 잘 꾸미고 싶었다. 그러나 어쩌랴. 그게 내가 가진 한계인 것을.

묵묵히 한동안 대안문화공간을 운영했다. 공간이 협소하여 관현악을 연주하기에는 적당치 않았으나, 기타와 같이 음량이 작은 악기는 오히려 공명이 있어 좋았다. 우리나라에서 기타를 연주하는 많은 뮤지션들이 이곳을 다녀갔다. 신인근, 박종대, 안형수, 배장흠, 심지석, 장대근 등 많은 기타리스트들이 무대를 빛내주었다.

대안문화공간을 운영한 지 2년째 되는 해에 성남아트센터가 문을 열었다. 이제는 분당 사람들이 멀리 가지 않고도 동네에서 좋은 음악을 들을 수 있게 되었다. 나는 대안문화공간을 이제 그만 접어도 되겠다는 생각이 들었다. 문을 닫는 날, 어느 연주자가 내게 이런 얘기를 했다. "선생님, 그래도 이런 공간이 있어서 저희에겐 좋았습니다." 그냥 하는 인사치레는 아니었을까? 정말 그랬을까?

은퇴 후 두 번째로 했던 일은 '어른들을 위한 학교'를 만든 것이다. 나는 성남아트센터의 오픈과 함께 그곳에서 자원봉사자로 활동했다. 예술 공연을 전문으로 하는 기관에서 자원봉사자를 뽑는다고 하니, 많은 사람들이 지원했다. 교육을 받는 과정에서 자원봉사자들의 사회 경력이 다양하다는 걸 알았다. 그들은 사회에서 쌓은 경험을 활용하여 봉사하기를 원했다. 그러나 정작 그들에게 주어진 일은 봉투에 풀칠을 하거나 동선을 안내하는, 단순한 일이었다. 많은 자원봉사자들이 실망하고 그만두었다.

얼마 뒤 나는 어른들을 위한 학교가 영국에 있다는 사실을 알게 되었다. 제3기 인생 대학U3A, University of the 3rd Age, 즉 3기 인생을 살아가는 시니어들의 커뮤니티였다. 윌리엄 새들러 하버드대학 교수의 정의에 따르면, 3기 인생이란 나이 마흔부터 30년 사이의 시기를 칭한다. 자녀의 양육을 마치고 자기계발을 시작하거나 은퇴를 전후하여 또 다른 인생을 준비하는 시간이다.

U3A에서는 자신이 아는 것은 남에게 가르치고, 모르는 것은 남에게 배운다. 즉 선생이 학생이 되고, 학생이 선생이 되는 학교다. 성남아트센터를 그만둔 자원봉사자들이 이런 공간이 있다는 걸 알면 얼마나 좋아할까. 나는 이와 같은 커뮤니티가 우리 세대에 필요하다는 걸 알고 작업에 착수했다.

2013년 3월, 수내동에 있는 오피스텔에서 U3A 분당 '아름다운인생학교'가 문을 열었다. 그러자 KBS 등 여러 언론매체들이 인생학교를 취재해 보도했다. 그 덕분인지 많은 사람들이 찾아왔다. 나의 지인들이 방문한 것은 물론이다.

그러나 늘 그렇듯이 일부 사람들은 냉소적인 태도를 보였다. 돈을 좀 들여서라도 유명한 사람을 초청해야지, 누가 이런 강의를 들으러 오겠냐는 식이었다. 내 경험에 따르면, 유명 인사들의 강의는 겉만 화려할 뿐 내용이 별로 없다. 오히려 평범한 우리 이웃의 진솔한 이야기가 사람들에겐 더 큰 힘이 된다.

예전에 '사이먼 앤 가펑클'의 멤버였던 폴 사이먼이 아프리카 토속음악을 주제로 새로운 음반을 낸 적이 있었다. 폴 사이먼이 새 앨범을 냈으니 방송에서 주요 이슈로 다룬 것은 당연했다. 그런데 생방송 도중에 평소 사이먼을 좋게 생각하지 않았던 앵커가 '아프리카 토속음악을 주제로 음반을 제작하는 일은 누구나 할 수 있는 것 아니냐'고 비꼬는 투로 말했다. 그 말을 들은 사이먼은 이렇게 말했다.

"당연히 누구나 할 수 있는 일입니다. 하지만 정작 실행에 옮긴 사람은 저 하나뿐입니다."

성공하는 사람과 그렇지 못한 사람의 차이는 실행에 있다고 한다. 은퇴를 준비하는 사람의 은퇴 후 희망순위 1위는 여행이다. 그러나 현실에선 텔레비전 시청이 1위였다. 희망순위 2위는 자원봉사다. 그러나 은퇴 후 자원봉사를 하는 사람은 7퍼센트에 그쳤다. 만날 생각만 하면 뭐하겠는가. '구슬이 서 말이라도 꿰어야 보배'라는 우리 속담처럼, 생각에만 그쳐서는 안 되겠다.

심리학자의 전언에 따르면, 저질렀던 일에 대한 후회는 시간이 흐를수록 작아지고 해보지 않은 일에 대한 후회는 세월이 갈수록 커진다고 한다. 자신이 원하는 것이 무엇이든 생각만 하지 말고 적극적으로 실천해보기를 권한다. 인생 2막은 그것을 할 수 있는 유일한 기회다.

10

은퇴한
아버지들의
아지트

성남아트센터에서 자원봉사를 하고 있을 때였다. 하루는 성남아트센터 문화기획부장이 내게 전화를 했다. 동호인 활동을 하는 클럽들이 연합회를 조직했으면 하는데, 참여해달라는 부탁이었다. 마침 그때 나는 분당 FM에서 '동호인클럽'이라는 프로그램을 진행하고 있었고, 친구들과 동호인 활동도 하고 있던 차라 흔쾌히 수락했다.

동호인클럽 활동을 하는 사람끼리 두 번의 사전 모임을 마치고 '사랑방문화클럽'이라는 이름으로 창립총회를 열었다. 그날도 오전에는 분당 FM에서 방송을 진행하고, 이후 총회가 열리는 한국학중앙연구원으로 향했다. 회의실에 도착하니 벌써 여러 명이 와 있었다.

총회 선언을 하고 문화기획부장이 사랑방문화클럽의 취지와 그동안의 경과 사항을 보고했다. 식순에 따라 조직 운영을 총괄할 운영위원장을 선출할 차례가 되었다. 참석자들 중에서 나이가 많아선지 내가 사랑방문화클럽의 초대 운영위원장으로 추대되었다. 총회를 마치고 바깥에서 뒤풀이가 이어졌다. 비가 조금 뿌리고 있었지만, 그건 큰 문제가 되지 않았다. 한동안 회원들과 즐거운 시간을 보냈다.

다음 날, 문화기획부장이 건네주는 자료를 보고 놀랐다. 성남시에만 동호인클럽의 수가 무려 3천여 개나 있다고 한다. 성남문화재단에서 추계예술대학의 한 교수에게 용역을 주었는데, 설문조사에 응답한 동호인클럽의 수가 1,103개다. 대개의 경우 설문을 하면 3분의 1 정도가 응답을 하는데, 그걸 감안하면 모두 3천여 클럽으로 추정되는 것이다. 특히 분당에 동호인클럽수가 집중되어 있다.

왜 분당에는 이런 동호인클럽이 많을까? 그 이유는 다음의 몇 가지로 축약할 수 있다. 분당에는 다른 지역에 비해 시니어가 많이 살고 있다. 대부분의 시니어들은 퇴직을 하거나 육아의 부담에서 벗어나면 자기계발을 하고자 하는 의욕이 커진다.

주민들의 소득격차가 그리 크지 않은 것도 이유들 중 하나다. 서울의 강남처럼 부자가 많지 않고 또 가난한 사람도 적은, 경제적으로 고만고만한 사람들이 분당에 살고 있다.

아무래도 격차가 적으니 쉽게 가까워질 수 있지 않을까? 요즘 곳곳에서 소득의 양극화가 문제로 대두되고 있지만, 분당처럼 소득이 고르게 분포돼 있는 곳도 드물다. 또한 분당 지역에는 각종 문화 활동을 할 수 있는 인프라가 잘 구축돼 있다. 이름만 대면 알 만한 대형 교회가 많고 백화점 문화센터도 여럿 있다. 이런 조건들이 복합적으로 작용했을 것이다.

회원들을 상대로 동호인클럽을 운영하는 데 무엇이 가장 아쉬운가를 물었다. 다음의 두 가지가 가장 아쉽다고 했다. 첫째 가르쳐줄 강사가 부족하고, 둘째 학습을 하거나 발표할 공간이 부족하다는 것이다. 운영위원들과 정관을 만들고 클럽의 기초를 다지면서 강사와 공간을 확보하려고 애를 썼다. 먼저 한 일은 공간 확보였다. 하지만 유상으로 빌리기에는 예산이 턱없이 부족했다.

성남문화재단에서 가상화폐를 만들었다. 단위는 '넘실'로 정했다. 공간을 빌려주는 곳에 이 가상화폐를 돈 대신 지급하는 것이다. 예를 들면 이런 식이다. 어느 교회에서 여유의 공간을 우리 클럽 회원들에게 빌려준다. 그럼, 우리는 가상화폐를 지

나는 은퇴한 사람들에게 아예 혼자 할 수 있는 취미를 배우라고 권한다.

이를 테면 악기 연주, 그림 그리기, 사진 찍기 같은 취미다.

이런 취미를 익히게 되면 자연스레 같은 취향을 가진 사람을 만나게 되고,

그곳에서 또 다시 인간관계가 형성된다.

급하고 그곳을 이용한다. 어느 날 목사가 신자들에게 기타를 가르쳐주고 싶다며 우리 클럽에 기타 강습을 부탁한다. 그럼, 우리가 그곳에 가서 기타를 가르쳐주고 그 가상화폐를 대신 받는 구조다.

최근 북유럽의 국가들이 돈 없이도 살아갈 수 있는 경제 구조를 만들고 있는데, 가상화폐도 그의 일종이다. 이렇게 우리 지역에서 가상화폐를 주고받을 수 있는 공간을 발굴했다. 분당의 만나교회와 보바스기념병원 같은 법인도 있었고, 카페처럼 개인 공간도 있었다.

알고 있던 예술인 한 사람이 문화공간을 대여해주는 일을 하고 있었다. 어느 날 그가 그 공간을 양도하고 싶다는 얘기를 내게 했다. 나는 그 공간을 매입해서 사랑방문화클럽 회원들의 전용공간으로 사용했으면 좋겠다는 생각을 했다. 성남아트센터 관계자들과 매입 문제를 협의했다. 총무부에서 회계처리상 곤란하다는 답이 왔다. 취지에는 공감을 하면서도 법규에 얽매여 할 수가 없었다. 그러나 이 일은 나중에 큐브미술관 사랑방 홀을 마련하는 동기가 되었다.

지역에 있는 공간 여러 곳과 자매결연을 체결했다. 우선 회원들이 학습할 수 있는 공간 10여 곳이 확보된 것이다. 그 뒤에도 사랑방문화클럽에서 사용할 수 있는 공간을 알아보았다.

그랬더니 생각보다 무척 많았다. 예를 들면 공공기관의 유휴시설, 방과 후 초등학교 교실, 각종 교회의 공간들, 아파트 단지 내의 지하실, 주민자치센터의 공간 등이다. 이런 곳을 발굴해서 이용하는 것이 앞으로 우리가 해야 할 과제였다.

나는 전부터 알고 지내던 요들 동호인 한 사람에게 분당에 와서 요들을 좀 가르쳐달라고 부탁했다. 물론 강사료는 없었다. 그럼에도 불구하고 그는 흔쾌히 달려왔다. 매주 만나교회의 한 공간을 빌려 요들 강습을 시작했다. 얼마 뒤 어엿한 동호인클럽이 탄생했다. 그게 바로 '분당요들클럽'이다.

사랑방문화클럽이 어느 정도 자리를 잡아가자, 나는 성남아트센터 자체 내에 회원들을 위한 공간이 필요함을 역설했다. 다른 곳에 가서 공간을 빌려달라고 하면서, 정작 성남아트센터 안에는 그런 공간이 없다는 건 설득력이 약했다. 그러나 당시에는 공간 확보가 어려웠다. 성남아트센터에서 고유의 목적에 쓸 공간도 부족했던 시기였다.

몇 해 뒤, 성남아트센터에서 큐브미술관 건물을 추가로 건축했다. 그곳에 미술전시장과 미디어센터가 들어섰다. 아울러 한쪽에 사랑방문화클럽 회원들을 위한 조그만 공간이 마련되었다. 성남아트센터의 문화기획 스태프들과 역대 운영위원장들의 염원이 이루어진 것이다. 사랑방문화클럽 회원들이 마음 놓고 연습하고 발표할 수 있는 공간이 어느 정도 구축된 셈이다.

사랑방문화클럽이 탄생한 지 10년이 되었다. 그동안 나를 비롯하여 서너 명이 운영위원장을 맡았다. 특히 2012년에는 문화체육관광부가 주최한 지역문화브랜드 사업부문에서 대상인 국무총리상을 받았다. 참으로 기쁜 일이다.

최근 베이비붐 세대의 은퇴와 맞물려 사랑방문화클럽이 재조명을 받고 있다. 은퇴 후 무엇을 해야 할지 모르는 사람들에게 사랑방문화클럽이 등대 같은 역할을 하는 것이다. 아버지들의 인간관계란 게 대부분 사회에서 맺어진 것들이다. 그런데 은퇴하면 이 인연들이 희미해지거나 끊어진다. 직장에서 일만 하느라 동네에는 마땅히 아는 사람도 없다. 가족들과의 관계도 예전 같지 않다. 갈 곳도 마땅히 없다. 그래서 아버지는 외롭다.

나는 은퇴한 사람들에게 아예 혼자 할 수 있는 취미를 배우라고 권한다. 이를 테면 악기 연주, 그림 그리기, 사진 찍기 같은 취미다. 이런 취미를 익히게 되면 자연스레 같은 취향을 가진 사람을 만나게 되고, 그곳에서 또 다시 인간관계가 형성된다. 그들과 동호회를 조직할 수도 있다. 동호회에 가입하면 간접적으로 '매슬로우의 욕구 5단계' 이론에 나오는 소속감의 욕구도 해결할 수 있다.

사회에서 맺어진 모임이라는 게 대개 이해관계에 의해 형성

되지만, 동호인들은 그렇지 않기 때문에 더욱 친밀한 관계로 발전할 수 있다. 회원들은 이해관계가 없는 이들과 관계를 맺으면서 삶에 활기를 되찾는다. 사랑방문화클럽은 은퇴한 아버지들에게 안식처라고 할 수 있다.

사랑방문화클럽 회원들은 팀을 조직해 사회의 어두운 곳을 찾아가 봉사도 하고, 문화예술 활동도 같이 한다. 예를 들면 사진 동호인들은 공연장을 찾아 회원들의 공연 모습을 찍어준다. 미술 동호인들이 전시할 때는 음악하는 회원들이 그곳을 방문하여 축하 연주를 해준다. 전시장을 찾은 관객들은 그림도 구경하고 음악도 듣게 되니, 일석이조다.

사람들에게 할 일이 있다는 건 참 중요하다. 일이란 게 꼭 돈을 벌어야 하는 것만은 아니다. 어려운 이웃들을 위해 자원봉사를 하는 것도 일이고, 좋아하는 것을 발견하여 여러 사람들과 즐거움을 나누는 것도 일이다. 어린아이부터 할아버지까지 세대를 뛰어넘어 함께하는 우리 이웃들. 다른 지역에서도 사랑방클럽을 벤치마킹하여 이와 같은 활동이 전국으로 확대되었으면 하는 희망을 갖고 있다.

11

우리는
죽을 때까지
배운다

    세상을 먼저 살았던 사람들을 보면 당시 여건이
어려웠음에도 불구하고 생을 참 열심히 살았다는 생각이 든다.
그중 한 명이 알버트 슈바이처 박사다.

  그는 독일 알사스 지방에서 태어나 성서와 철학을 공부한 뒤
목사가 되었다. 그 뒤 모교에서 성서학 강사로 학생들을 가르
치다가 아프리카 흑인들의 생활상을 보고 뒤늦게 의사가 되기
로 결심한다. 그는 어릴 때부터 뛰어난 재능을 보였던 파이프
오르간 연주로 학비를 벌면서 공부한 끝에 의사가 되었고, 처
음 계획대로 아프리카로 떠난다. 음악을 좋아했던 그는 그곳

병원에서도 가끔 오르간을 연주했다. 그곳에서 봉사하고 있는 동료 의료진과 간호사들에게 그의 음악은 청량제와도 같았다. 차츰 아프리카의 성인으로 존경받기 시작한 그는 위대한 박애 정신이 인정되어 노벨평화상을 수상하게 된다. 남들은 하나도 이루기 힘든데, 그는 몇 사람의 몫을 스스로 해냈다.

버나드 쇼도 그런 위인이다. 그는 사망할 때까지 극작가·평론가·사회운동가·연설가 등 폭 넓은 활동을 펼쳤고, 1925년에는 노벨문학상까지 수상했다. 평소 자기 자신을 무려 열한 가지로 표현하며 오만과 재치를 부렸는데, 그가 표현한 열한 가지는 다음과 같다.

"나, 조지 버나드 쇼는 위대한 연설가, 소설가, 비평가, 극작가, 채식주의자, 무신론자, 다윈의 신봉자, 입센의 숭배자, 생명력의 철학자, 창조적 진화론자, 페이비언 회원이다."

이렇게 오만하고 익살을 부리며 명성을 떨쳤던 버나드 쇼는 94세까지 장수하며 자신의 소신대로 살았다. 그런데도 충격적인 묘비명을 남겼다.

"우물쭈물하다가 내 이렇게 될 줄 알았다."

아주 의미 있는 삶을 살다간 문인이자 철학자이며, 노벨상까지 수상한 인물이 자신의 삶을 뒤돌아보며 우물쭈물했다고 자평한 것이다. 그도 삶의 마지막 순간에 정말 중요한 것을 놓치고 살았다고 후회했을까?

버트런드 러셀은 또 어떤가. 그는 사상가이자 철학자였으며, 수학자, 교육가, 사회운동가, 노벨문학상을 받은 작가였다. 그는 《인생은 뜨겁게》라는 자서전 제목처럼 정말 뜨거운 인생을 살다 갔다. 그러다보니 숱한 오해와 비판도 받았고, 고생도 많이 했다. 89세의 나이에 시민불복종 운동을 주도하다가 감옥에 갇히기도 했다. 귀족으로 태어나 부와 명예를 누리면서 편하게 살 수 있었던 그가 그처럼 힘든 삶을 선택한 이유는 뭘까? 그는 세 가지 열정이 자신의 인생을 지배했다고 했다. 첫째 사랑에 대한 갈망, 둘째 지식에 대한 탐구욕, 셋째 인류의 고통에 대한 참기 힘든 연민이 그것이다. 자서전에 썼던 그의 생각은 다음과 같다.

나는 사랑을 찾아 헤매었다. 그 첫째 이유는, 사랑이 희열을 가져오기 때문이다. 얼마나 대단한지 그 기쁨의 몇 시간을 위해서라면 남은 생을 모두 바쳐도 좋으리라 종종 생각한다. 두 번째 이유는, 사랑이 외로움을 덜어주기 때문이다. 마지막으로, 성인들과 시인들이 그려온 천국의 모습이 사랑의 결합 속에 있음을, 그것도 신비롭게 축소된 형태로 존재함을 발견할 수 있었기 때문이다. 내가 똑같은 열정으로 추구한

사랑과 지식은 나름대로의 범위에서 천국으로 가는 길을 이끌어주었다.

그러나 늘 연민이 날 지상으로 되돌아오게 했다.

고통스러운 절규의 메아리들이 내 가슴을 울렸다.

또 하나는 지식이었다. 나는 사람들의 마음을 알아보고 싶었다. 하늘의 별이 왜 반짝이는지 알고 싶었다. 그리고 삼라만상의 유전 너머에서 수들이 힘을 발휘한다고 설파한 피타고라스를 이해해보고자 했다. 그리하여 나는 많지는 않으나 약간의 지식을 얻게 되었다.

사랑과 지식은 나름대로의 범위에서 천국으로 가는 길을 이끌어주었다. 그러나 늘 연민이 날 지상으로 되돌아오게 했다. 고통스러운 절규의 메아리들이 내 가슴을 울렸다. 굶주리는 아이들, 압제자에게 핍박받는 희생자들, 자식들에게 미운 짐이 되어버린 의지할 데 없는 노인들. 그들의 고통이 덜어지기를 갈망하지만 그렇게 하지 못해 나 역시 고통받고 있다. 이것이 내 삶이었다. 하지만 나는 그것이 살 만한 가치가 있다는 것을 알았으므로, 만일 기회가 주어진다면 기꺼이 다시 살아볼 것이다.

슈바이처, 버나드 쇼, 러셀, 이 세 사람은 모두 90세가 넘도록 장수했다. 특히 러셀은 우리나라 나이로 99세까지 살았다. 지상에서 해야 할 일이 많았기 때문에 신께서 그들의 죽음을 유예해주신 걸까? 아니면 일을 많이 하다 보니 건강이 그들의 생을 뒷받침해주었던 것일까?

지나간 시절을 되돌아보면 감히 그들에 비할 수는 없지만, 나름 열심히 살아왔다고 생각한다. 나는 세 가지 분야에서 일의 균형을 찾으려고 했다. 첫째 먹고사는 일, 둘째 재미있는 일, 셋째 의미 있는 일이다. 특히 여러 가지 활동을 하려고 노력했다. 그중에는 내가 의도한 것도 있고, 의도하지 않은 것도 있다.

먼저 여행을 많이 다녔다. 그동안 다닌 해외여행만 20여 회가 넘는다. 그중 가장 기억에 남는 것은 미술 동호인들과 함께 떠난 현대미술 여행이었다. 무엇보다 서로의 관심사나 취향이 비슷해서 마음이 편했다. 매체로만 보던 작품을 직접 가서 눈으로 확인했을 때의 감동도 컸다. 친구와 둘이 캐나다 서부를 여행했던 것도 잊지 못할 추억이다.

독서는 어렸을 적부터 좋아했다. 대학에 다닐 때에는 도서관에서 공부는 안 하고 소설을 실컷 봤다. 특히 에리히 레마르크의 소설을 좋아했다. 직장에 다닐 때는 친구들과 독서클럽을 만들기도 했다. 은퇴를 앞두고는 먼저 살았던 사람들의 발자취를 탐색했다. 앞에서 예로 든 세 명의 자서전을 통독하면서.

악기 연주도 내가 의도했던 취미 중 하나인데, 그동안 여러 악기를 섭렵했지만 제대로 할 줄 아는 것은 하나도 없다. 지금 생각해도 그게 참 아쉽다. 이제라도 노력해서 남들을 가르칠 수 있을 정도로 연주 실력을 키우는 것이 나의 남은 과제다. 그 와중에도 친구들과 밴드를 결성해서 정기적으로 연주했던 건 즐거운 기억으로 남아 있다.

글쓰기도 마찬가지다. 석학들을 보면 어릴 적부터 수려한 글을 썼는데, 나는 어른이 되어서도 그러하지 못했다. 좋은 글을 쓰려면 많이 읽고 많이 써야 한다는데, 많이 읽기는 했지만 많이 쓰지는 못했다. 그래도 나의 블로그에 하루에 수천 명씩 접속하여 내가 올린 글이나 정보를 보고 가는 사람이 있다는 건 위안이 된다.

미술 감상은 금융회사에 근무하며 시작한 취미다. 미술 감상이 취미라고 하면 그림도 잘 그리는 줄 알지만 그렇지는 않다. 금융회사에서 고객을 위해 미술품을 구입하곤 했는데, 그런 연유로 미술을 좋아하게 되었다. 주로 남이 그린 그림을 감상한다. 요즘도 전시회에 자주 가는데, 미술 감상은 나이 들어서도 오랫동안 즐길 수 있는 취미라고 생각한다.

골프는 상사의 명령으로 시작한 운동이다. 내가 지점장으로 근무할 때 사장이 영업에 필요하다며 언제까지 배우라고 지시해서 골프를 배우게 되었다. 물론 업무상 치는 것 말고 친구들과도 꽤 많이 즐겼다. 은퇴한 뒤로는 골프장에 나가지 않는다. 허리가 좋지 않은 탓도 있지만 비용이 비싼 데다 시간이 너무 많이 소요되었다.

음악은 큰형이 좋아해서 나도 좋아하게 된 취미다. 생각해보면 큰형의 영향이 아니었더라도 음악을 좋아했을 것 같다. 고전음악만 좋아한 건 아니다. 나는 컨트리 음악, 올드 팝송뿐만 아니라 제3세계 민속음악, 국악, 아프리카음악, 대중음악도 좋아한다. 음식을 편식하지 않는 것처럼 음악 또한 마찬가지다. 각 나라 음악에는 다 나름대로 특색이 있다.

이밖에 의도하지 않은 것 중에 난 키우기가 있다. 직장에서 승진을 하면 거래처에서 난을 선물했다. 다른 사람이 승진했을 때도 마찬가지였다. 직원들은 이렇게 들어온 난을 서로 나눠가졌다. 그 덕에 우리 집에도 난이 몇 수 있었다. 그러나 나의 관심이 부족했던지 난이 잘 자라지 못했다.

영업부장으로 재직할 때, 공기업 자금부장을 섭외할 필요가 있었다. 그곳에서는 여러 금융기관을 거래하며 자금을 예치했다. 내가 몸담고 있었던 직장에서도 그 자금을 간절히 기대했다. 하루는 그를 만나러 갔더니 여러 명이 대기하고 있었다. 내차례가 오기를 기다리다가 비서에게 '자금부장의 취미가 뭐냐'고 물었다. 그랬더니 '취미가 없다'고 했다. 술도 안 먹고, 골프도 치지 않는다고 했다. '아이쿠, 이 사람을 어떻게 공략하지?' 그때 비서가 덧붙이는 말이 나의 귀에 들어왔다. 자금부장은 별다른 취미는 없고, 그저 일찍 퇴근하여 집에서 난만 키운다는 것이다. 난을 키운다고?

오랜 시간을 기다린 후에 그를 만날 수 있었다. 솔직히 그는 '빨리 가주었으면' 하는 눈치였다. 먼저 차를 한잔하며 덕담을 나누었다. 그리고 어색한 시간이 흘러갔다. 나는 사무실에 있는 난을 둘러보며 말을 꺼냈다. "난이 꽤 많네요. 저도 집에 동양란 몇 수를 키우고 있는데 관리를 잘 못해선지 시들시들 죽어가고 있습니다. 어떻게 해야 할지, 잘 모르겠어요." 그건 사실이었다.

그 순간 그의 눈이 반짝이는 게 보였다. 그러더니 나에게 몇 가지 질문을 했다. 그리고 난을 재배하려면 어떻게 해야 하는지에 대해 거의 한 시간 가까이 설명해주었다. 덕분에 나는 난에 대해 많은 지식을 얻었다. 그도 만족해하는 듯했다. 난 이야기를 마칠 때쯤엔 마치 오랜 지기 같은 사이가 되었다. 회사와의 거래를 부탁하는 이야기는 한마디도 꺼내지 않았다.

고맙다는 인사를 하고 사무실을 나서는데, 줄지어 그를 기다리는 사람들이 보였다. 그는 손수 나를 엘리베이터까지 배웅해주었다. 그러면서 '어쩌면 그렇게 이야기를 잘하냐'며 내게 공치사를 했다. 사실, 우리가 나눈 이야기의 대부분은 그가 다 했다. 난 그저 그의 얘기를 들어주었을 뿐이다.

며칠 지나지 않아 그의 부하직원으로부터 우리 회사와 거래를 시작하겠다는 연락이 왔다. 회사에선 환호성을 올렸다. 그때 나는 인간관계에서 다른 사람의 얘기를 경청해주는 게 얼마나 중요한지 깨달았다. 더구나 상대방의 관심사를 같이 나눌 수 있으면 그건 성공한 것이다.

나는 직원들에게 우리 앞에 어떤 고객이 나타날지 모른다며, 여러 분야에서 교양과 상식을 쌓으라고 권했다. 영화를 좋아하는 고객이 오면 영화 이야기를, 미술을 좋아하는 고객이 오면 미술 이야기를 나눌 수 있어야 한다. 그러면 그 사람을 자기 고객으로 만들 수 있다. 나의 사례처럼 고객의 얘기를 들어만 주어도 된다.

은퇴 후를 위해서도 마찬가지다. 다양한 분야의 상식을 갖되, 그중 하나는 전문가 수준이 되는 것이 필요하다. 즉 T자형 인생을 사는 것이다.[2] 이렇게 전문가 수준으로 익힌 분야는 나중에 은퇴하여 인생 2막을 사는 데 도움이 된다. 그것을 이용하여 직업을 가지거나 남을 가르칠 수도 있기 때문이다.

직장에서 퇴직한 후 재미있는 일만 하고 산 건 아니다. 러셀이 그랬던 것처럼, 의미 있는 일도 추구했다. 지역 커뮤니티 라

---

2 'T자형 인생'이란 한 가지 주된 관심사는 깊이 있게 공부하고, 그 외 다른 분야는 폭넓게 알고 준비하는 것을 말한다.

디오 방송 진행, 시각장애인을 위한 도서 낭독, 성남아트센터 자원봉사, 미술관 도슨트, 객원기자, 대안문화공간 운영, 인생학교 개교 등이 은퇴 후 내가 했던 일들이다.

오래전 소록도를 방문한 김수환 추기경은 그곳에서 봉사활동을 펼치는 성직자들을 치하하며 "나 같으면 도저히 못할 일이다"라고 고백했다. 추기경의 말씀에 공감이 간다. 나도 어려운 여건 속에 뛰어들어 봉사하는 사람들을 따라가진 못했다. 그저 생활 속에서 내가 할 수 있는 일을 찾았을 뿐이다. 정종수 시인의 〈길가의 돌〉처럼, 나 또한 길가의 돌 하나를 주어 신작로 끝에 옮겨놓았을 뿐이다.

50세는 정상에 선 나이라고 한다. 올라온 길과 내려갈 길을 함께 볼 수 있는 위치라는 것이다. 올라온 길을 보니 좀 더 쉬운 길이 있었는데 그러지 못했음을 자책한다. 내려갈 길에는 그런 시행착오가 없어야 할 텐데, 하지만 모를 일이다. 그래서 그런지 먼저 살았던 사람들의 얘기를 들으면 '우리는 죽을 때까지 배운다'고 했다. 아무튼 신이 우리에게 똑같이 나누어준 이 시간을 헛되이 보내지 않았으면 하는 바람이다.

12

지금
내 나이가
좋다

◆　　◆

◆

　　　오랜만에 만난 자리에서 한 친구가 지난 주말에 동창들과 산에 다녀온 이야기를 들려주었다. 관악산에 오르는 친구들을 뒤에서 보니, 전보다 확실히 나이 들어 보이더란다. 어깨가 처지고 발걸음도 무거웠으며 옷차림도 전만 못했다. 자신도 남들이 보면 그렇지 않겠냐는 얘기였다. 다들 60세가 넘었으니, 왜 그렇지 않겠는가. 나 또한 사진을 보면 눈가에 잔주름이 전보다 많아졌다. 나이 든 사람들이 왜 사진 찍기를 싫어하는지, 이해가 된다.

　　외모만 그럴까? 눈에 보이지 않는 장기의 기능도 많이 떨어졌을 것이다. 머리가 세고, 기억력이 감퇴되고, 눈이 침침한 것도 다 그런 이유다. 건망증도 심해졌다. 외출할 때 잊고 갈까봐 책을 현관에 갖다놓고도 그냥 나가기 일쑤다. 안경을 머리에 잠깐 올려놓고 어디에 뒀는지 찾기도 한다. 주차장에 차를 세워놓고 볼일을 본 후 어디다 세워놓았는지 몰라 이리저리 헤매는 경우는 비일비재하다.

시간이 너무 빨리 간다고 느끼는 것도 나이 들은 사람의 특징이다. 지난 일들을 돌아보면 5, 6년 전의 일 같은데 10년이 훌쩍 지났다. 엊그제 해가 바뀐 것 같은데 벌써 1년의 반이 흘러갔다. 직장 다닐 때는 일주일도 길더니만, 지금은 금방 지나간다. 왜 나이가 들수록 이렇게 시간이 빨리 가는 것처럼 느껴질까?

심리학자의 전언에 따르면, 나이가 들수록 기억에 남을 만한 새로운 경험이 줄어들기 때문이란다. 10대는 지난 시간이 흥미로운 기억으로 가득한 반면, 나이를 먹을수록 일상이 반복돼 시간이 공허한 것처럼 느끼게 된다는 것이다. 하긴 젊었을 땐 가슴이 두근두근하는 일이 많았는데, 나이가 드니 그런 일이 별로 없다.

나이 든다는 것이 유쾌한 일은 아니다. 그렇다고 꼭 나쁜 것만도 아니다. 좋은 점도 있다. 먼저 나이가 들면 야망이 없어진다. 그 헛된 야망 때문에 젊은 시절에 몸이 얼마나 수고를 했던가. 나이 65세가 되면 이미 해야 할 성공은 다 했을 것이고, 아직 이루지 못했다면 앞으로도 절대 못한다고 봐야 한다. 나이가 들면 이렇게 자신의 한계를 알기 때문에 무리한 도전을 하지 않는다. 안 했다고 해서 비난할 사람도 없다.

소유욕에 관한 것도 그렇다. 음악을 좋아해선지 젊어서는 오디오 시스템을 많이 탐했다. 앰프라면 마란츠, 매킨토시 정도는 알고 있어야 했고 스피커는 알텍, JBL, 탄노이 중 하나는 갖고 있어야 했다. 그럼에도 불구하고 오디오 숍에 가면 또 다른 게 탐났다. 그곳에서 음악을 들으면 주인이 권하는 오디오 시스템이 내가 가진 것보다 더 좋아보였다. 그것만 사면 더 소원이 없을 듯했다. 하지만 그때는 그럴 여유가 없었다. 집에 있는 오디오 시스템으로 만족해야 했다.

지금은 다르다. 원하는 걸 살 수 있는 여유가 있다. 그러나 이제 그런 일에 마음을 쓰지 않는다. 컴퓨터에 소형 스피커를 물려도 듣기 괜찮다. 무엇하러 큰돈을 쓰고 무거운 스피커를 사겠는가. 이제 오디오 숍 주인의 꼬임에도 넘어가지 않는다. 오디오 시스템만 그런 것은 아니다. 자동차도 그렇다. 젊었을 때 비하면 비교적 경제적 여유가 있어 충분히 고급 자동차를 살 수 있지만, 더 이상 그런 사치품에 관심이 없다. 오히려 대

손자는 내게 이것저것 물어보며 나의 얘기에 귀를 기울인다.

아마 가족 중에 나를 제일 잘 따르는 식구가 아닌가 싶다.

하는 짓은 또 얼마나 귀여운가. 솔직히 자식들을 키울 때는

이런 재미를 느끼지 못했다. 이것도 나이 들어 얻은 장점이다.

중교통을 이용하는 것이 더 편하다.

나이가 들면 시간이 많아 무엇이든 염가로 즐길 수가 있다. 친구들과 가끔 예술영화를 보러 가는데, 보통은 조조할인으로 본다. 이른 시간이라 예약할 필요도 없다. 관객도 많지 않아 좋은 자리에 느긋하게 앉아 영화를 감상할 수 있다. 직장에 다닐 때라면 영화 한 편을 감상하더라도 예약하고, 시간에 맞춰 가야 하는 등 번거로운 일이 많았다. 해외여행을 가더라도 성수기에는 요금이 두 배나 뛴다. 직장인들이야 주말이나 휴가를 끼고 가야 하지만, 시니어는 그럴 필요가 없다. 비수기에 가면 요금도 쌀 뿐 아니라 오히려 더 환영을 받는다.

손자가 생긴 것도 좋은 점이다. 자식들은 성인이 되어 모두 일을 하느라 바쁘다. 집에 있을 때 가끔 컴퓨터에 대해 물어볼라치면 가르쳐주긴 해도 표정이 '그것도 모르냐'는 투다. 어떤 때는 가르쳐주기보다 본인들이 직접 해버리고 만다. 그게 더 빠르기 때문이다. 내 말을 잘 듣지도 않는다. 하지만 손자는 내게 이것저것 물어보며 나의 얘기에 귀를 기울인다. 아마 가족 중에 나를 제일 잘 따르는 식구가 아닌가 싶다. 하는 짓은 또 얼마나 귀여운가. 솔직히 자식들을 키울 때는 이런 재미를 느끼지 못했다.

또 나이가 들면 젊었을 때 당연한 것으로 여겼던 것에 대해 감사하는 마음이 생긴다. 전보다 눈이 많이 침침해졌으나 불평을 하기보다는 '이만하기가 얼마나 다행인가?' 하며 받아들인다. 두 발로 걸을 수 있다는 건 또 얼마나 행복한 일인가. 나이 일흔이 되면 지위의 높고 낮음이나 돈의 많고 적음이 비교의 대상이 아니라, 걸을 수 있느냐 없느냐로 구분한다는 이야기도 있다.

월요일에 출근하지 않아도 되는 건 정말 좋은 일이다. 과거 직장에 다닐 때 월요일만 되면 마지못해 일어나야 했던 기억이 지금도 생생하다. 평소보다 좀 일찍 나왔는데도 차가 막혀 발을 동동 구르기도 했다. 하지만 이젠 월요일에 늦잠을 자도 뭐라 할 사람이 없다. 깨더라도 바로 일어나지 않고 게으름을 피우기도 한다. 다만, 한 가지 아쉬운 점은 늦게까지 잘 수 있는데도 일찍 잠에서 깨는 것이다.

나이가 드니 전에는 큰일이라고 생각되었던 것도 그냥 무심코 지나가게 된다. 과거에 몹시 걱정했던 일도 지나고 보니 하나의 점처럼 느껴진다. 인생이란, 이런 무수히 많은 점들이 하나의 선으로 이어진 것이다. 앞으로 다가올 일 또한 마찬가지다. 그래서 웬만한 일로는 놀라지 않는다.

나이가 들면 좋은 것 중 하나는 소비가 줄어든다는 것이다. 과거에는 조금만 쓰다 다른 것을 사기도 했는데, 이제는 가급적 쓰던 것을 다시 쓰게 된다. 구두만 해도 그렇다. 새 구두는 항상 불편하다. 헌 구두는 오랫동안 나의 몸에 적응돼서인지 늘 편하다. 물건만 그런 것이 아니다. 친구도 그렇다. 새로 사귀는 사람보다 오래 사귄 친구들이 더 편하다. 이미 나를 잘 알고 있기 때문에 억지로 나를 알릴 필요도 없다. 아마 배우자도 마찬가지가 아닐까?

젊었을 때처럼 축구라든가, 테니스 같은 운동을 할 수 없는 건 아쉬운 일이다. 그러나 지금은 그때 하지 못했던 일을 하며 만족해한다. 어쩌면 지금 내가 누리는 자유가 그런 단점들보다 더 크게 느껴진다.

나이가 들었다고 노인 취급하는 것은 좀 거북한 일이다. 많은 사람들이 자신을 노인이라고 생각지 않는다. 다만, 젊은이보다 나이가 좀 더 먹었을 뿐이라고 생각한다. 하지만 지하철에서 자리를 양보받는 것은 좋다. 그렇지 않아도 무릎이 아파 좀 앉아갔으면 했는데, 자리를 양보해준 학생이 고맙다.

젊어서는 어쩔 수 없이 만나고 싶지 않은 사람도 만났지만, 나이 들어선 그러지 않아도 된다. 특히 매사에 부정적인 사람은 만나지 않는다. 부정적인 사람을 설득하려 들면 오히려 상처를 받기 쉽다. 그저 그러려니 하고 피하든가, 피할 수 없으면 일정한 거리를 유지하는 것이 낫다. 권력이나 지위에는 관심이 없고, 더 이상 돈 걱정도 하지 않는다. 돈이 많아서가 아니라 돈이 없으면 없는 대로 살 수 있기 때문이다. 사실, 나이 들어서 무슨 돈이 그렇게 필요하겠는가.

나이가 들어도 성욕이 없어지지 않은 것은 좋은 일일까, 나쁜 일일까? 미국의 작곡가 유비 블레이크가 아흔일곱 살일 때 누군가가 물었다. "몇 살쯤 되면 성적인 욕망이 사라집니까?" "저보다 더 나이 드신 분께 여쭤봐야 될 것 같은데요." 블레이크를 보니, 아흔일곱 살이 되어도 성욕이 살아 있는 건 확실하다.

남들보다 조기 은퇴를 해서 그런지, 처음 만나는 사람들은 내게 어디에서 근무하느냐고 물었다. 내가 조기 은퇴를 했다고 하면 무슨 문제가 있는 사람처럼 여겼다. 안됐다는 표정을 짓는 사람도 있었다. 그 이유를 설명하기도 마땅치 않았다. 그러나 지금은 아무도 그런 질문을 하지 않는다. 이 역시 나이 들어 좋은 점이다.

한번은 매체에 이런 기사가 실렸다. 기자가 무리의 노인들에게 물었다. "할아버지, 연세가 드시니 젊은 시절로 돌아가고 싶지 않으세요?" 기자는 당연히 젊은 시절로 돌아가고 싶다고 말할 거라 생각했다. 그러나 답변은 의외였다. 한참 생각하던 노인들은 '젊은 시절로 돌아가고 싶지 않다'고 답했다.

지금과 같은 지혜를 갖고 젊은 시절로 돌아간다면 좋겠지만,

그렇지 않다면 굳이 젊은 시절로 돌아가 또 다시 시행착오를 겪으며 살고 싶지 않으신 게다. 젊은 시절보다 몸도 더 아프고 불편한 점도 많지만, 그래도 지금이 좋다고 느끼셨던 것 같다. 나 역시 그렇다. 젊은 시절의 헛된 욕망에 더 이상 시달리고 싶지 않다. 몸은 좀 부자연스럽지만, 지금 내 나이가 좋다.

나이 들어 좋은 점은 가급적 사람들의 장점을 많이 보게 된다는 것이다. 젊었을 땐 왜 그렇게 상대의 단점만 보였는지, 하지만 지금은 눈이 어두워 단점은 잘 보이지 않는다. 다행스러운 것은 아직도 상대의 장점은 잘 보인다.

젊었을 땐 이것도 갖고 싶고, 저것도 갖고 싶었다. 그땐 왜 그렇게 갖고 싶은 것이 많았는지, 하지만 이젠 조그만 방과 음악 그리고 책만 있으면 더 바랄 게 없다. 창밖의 나무만 봐도 행복하다. 아침에 새 소리만 들어도 하루가 즐겁다.

마흔에 시작하는
은퇴공부

초판 1쇄 발행 2017년 3월 15일
개정판 2쇄 발행 2019년 8월 19일

지은이 백만기
펴낸이 이범상
펴낸곳 (주)비전비엔피 · 비전코리아

기획 편집 이경원 유지현 김승희 조은아 박주은
디자인 김은주 이상재
마케팅 한상철 이성호 최은석
전자책 김성화 김희정 이병준
관리 이다정

주소 우)04034 서울특별시 마포구 잔다리로7길 12 (서교동)
전화 02)338-2411 | **팩스** 02)338-2413
홈페이지 www.visionbp.co.kr
이메일 visioncorea@naver.com
원고투고 editor@visionbp.co.kr

등록번호 제313-2005-224호

ISBN 978-89-6322-147-2 03190

「이 도서의 국립중앙도서관 출판시도서목록(CIP)은 서지정보유통지원시스템 홈페이지(http://seoji.nl.go.kr)와
국가자료공동목록시스템(http://www.nl.go.kr/kolisnet)에서 이용하실 수 있습니다.(CIP제어번호: CIP2019001650)」